逆商

有韧性才任性

[英]妮古拉・摩根　著

陈昌凯　伏丹涵　译

江苏凤凰教育出版社
Phoenix Education Publishing, Ltd

图书在版编目（CIP）数据
逆商 ： 有韧性才任性 / （英） 妮古拉·摩根著 ； 陈昌凯， 伏丹涵译. -- 南京 ： 江苏凤凰教育出版社， 2025. 5. -- ISBN 978-7-5743-1897-7
Ⅰ. G44-49
中国国家版本馆CIP数据核字第2025TL6126号

NISHANG YOU RENXING CAI RENXING
书　　名 逆商：有韧性才任性
著　　者 ［英］妮古拉·摩根
译　　者 陈昌凯　伏丹涵
责任编辑 王家俊
装帧设计 许　畅
责任印制 石贤权
出版发行 江苏凤凰教育出版社（南京市湖南路 1 号 A 楼　邮编：210009）
苏教网址 http://www.1088.com.cn
印　　刷 南京新世纪联盟印务有限公司
厂　　址 南京市江宁区诚信大道 88 号华瑞工业园 7 栋
开　　本 850 毫米 ×1168 毫米　　1/32
印　　张 7.25
版　　次 2025 年 5 月第 1 版
印　　次 2025 年 5 月第 1 次印刷
书　　号 ISBN 978-7-5743-1897-7
定　　价 65.00 元
网店网址 https://jsfhjycbs.tmall.com
公 众 号 苏教服务（微信号：jsfhjyfw）
邮购电话 025-85406265，025-85400774
盗版举报 025-83658579

目录
contents

序　言　005

译者序　011

第一章　理解心理韧性　015

第二章　建立你的支持网络　033

第三章　培养你的技能　079

第四章　建立积极的应对策略　109

第五章　建立你的勇气　157

第六章　建构你的未来　189

结　语　216

附　录　218

序 言

虽然很不情愿，但我们必须接受一个事实——坏事总可能降临到我们身上。无论什么时间或什么情况，也无论我们是否“罪有应得”，从小小的难过或失望，到重大的、可能改变人生的困境，任何人都有可能面对。对我们来说，我们既要明白这一事实，又不要让自己生活在恐惧之中，不要随时担心可能（但未必会）发生的坏事而破坏当下的幸福瞬间。和坏事一样，美好的事情也总是会发生！让我们直面现实，做好准备，同时保持积极乐观的心态，相信自己有坚韧不拔的能力——逆商（心理韧性）。

生活如同大海一样起伏不定，我们是试图在海中安全行驶的小船。有时，海面风平浪静，我们轻松航行，无忧无虑。但风暴也随时可能袭来，有时候甚至可能是海啸。风暴可能是短暂而轻微的，也可能是漫长而危险的。正如某些海域有更大的危险，生活中的某些阶段也更加具有挑战性。就像每个海域不尽相同一样，有些人的生活要面临更多的考验。

青春期常常是特别坎坷的阶段。年幼的孩子虽然会面临挑战，但成年人可以给他们很好的安抚或转移他们的注意力，他们也通常会因为相信成年人能帮助他们解决问题而感到安心。

序言

作为一名青少年，你不再像年幼的孩子那样容易被安抚。你已经知道了，生活不可能毫无风险，没有人能完全免于被伤害。你发现好人和无辜的人也可能会遭遇悲伤或灾难，甚至你自己可能就曾经历过这些。青少年时期的大脑让你能够理解宏大的概念，讨论诸如战争、疾病、死亡、自杀、虐待和不公正等话题——虽然这些话题可能令人害怕和痛苦，但你需要讨论它们。

青春期既令人兴奋，也可能让人感到恐惧。你可能无法再像小时候那样从成年人的安抚中获得慰藉，而开始试图在缺乏支持的情况下，摸索自己前进的方向。我青少年时代正处于冷战时期，这种社会背景加深了我的恐惧。我常常做与战争相关的噩梦，需要父母来安慰我，帮我将恐惧放到现实的背景下，并告诉我一切都可能会好起来的。他们需要将我的思维引向积极的方向，去关注成功、知识、工作以及我能掌控的事情，而不是那些我无法掌控、无力改变的事情。这些做法帮助我建立了心理韧性，尽管那时“心理韧性”这个词还并不常用。

此时此刻，有太多令人担心和恐惧的事情围绕在我们的身边。也许是恐怖主义，也许是疾病。在我写作这本书的时候，爆发于 2020 年的新冠疫情仍在继续，生活因为各种限制和封锁以及各种与病毒相关的忧虑而发生了巨大变化。也许你还有其他担忧，比如家庭中的一些事情、朋友之间的问题或者是学业的压力。不论是微小的纠结还是巨大的痛苦，在当下来看，它们都可能显得很大，尤其当我们正处于某种危机中的时候，我们根本不知道结果会是怎样的。

我们是在人生之海中航行的小船，需要让小船变得足够坚固，以承受那些我们无法预见的或大或小的风暴。我们的生命之舟不仅仅在建造的时候就要非常坚固，还需要定期进行保养、修复和加固。

我们必须学会既能够在恶劣的天气中航行，还能每次在巨大的风浪过后及时修复损伤，甚至变得比原来更加强大，以更好地应对下一次的挑战。人类是善于学习的生物，我们会适应环境，利用学到的东西变得更坚强、更健康，这就是好的韧性。

然而，生活不仅仅是为了熬过苦难与风浪，它也会充满快乐、成功、感恩、充实、目标和激动人心的经历。如果我们只关注可能发生的消极事件，我们将会错过许多真实发生的积极体验。如果生存意味着持续焦虑、不自信、杞人忧天，这也不是真正“活着”。

简而言之，我们需要锻炼自己的韧性，打造坚强的身体和心灵，不仅能承受风暴，还能有效地复原，在波光粼粼的水面上，享受平静的节奏和阳光的暖意。这才是真正的生活，这才是丰富多彩的心理韧性。

我无法知道你现在正在面对哪些挑战，也没有人知道未来会发生什么。有时候，你会有家人、朋友或值得信赖的成年人支持你，与你一起分担挑战。有时候，你可能更加孤独。有时，周围的每个人可能都在共同经历挫折与磨难，但每个人的感受和应对都会有所不同。有时，你可能是在自己的脑海中经历不好的事情，或许在夜深人静独处时会有灰暗的想法。但是，这些困难无论是个人的还是共有的，无论是短暂的还是持久的，无论是微小的还是巨大的，现在你培养的心理韧性都会帮助你走出困境，同时赋予你力量，让你面向未来，用乐观、勇气和希望去迎接一切美好的事物。你要学会正确看待恐惧，不让它破坏你的生活。

本书为你提供了在生活中培养坚韧品格的实践指南，帮助你强健体魄，淬炼心灵。

在本书中，你将发现：

- 关于心理韧性的一切知识。
- 生活中五个可以建立心理韧性的领域：你的支持网络、技能、应对策略、勇气和未来。
- 提供能够帮助你提升心理韧性的具体实用方法。
- 书中设计了一些正在面临心理韧性挑战的虚构角色，既能为你提供思考的空间，又能让你产生共鸣，你可能会在这些角色中找到自己的影子。
- 反思与回顾：帮助你思考怎样能给这些角色支持，我也会提供我的建议供你参考。
- 日记时间：如果你愿意，可以在日记中进行记录，通过文字反映自己的成长过程。你可以选择一本漂亮的笔记本，也可以在电脑上新建一个文档，或使用手机的应用程序来记录。日记是属于你自己的私人空间，你可以写下任何想写的内容。本书将在每章末尾为你提供一些提示和创意，帮助你记录自己的心路历程。

本书中的所有理念和实用工具将帮助你在面临困难、感到焦虑或不知所措时更加自信地掌控局面。如果你现在掌握了这些方法，你将会发现它们为你带来更强的心理韧性，你将更容易享受生活的乐趣，受益一生。

培养心理韧性是一个积极、有益和充满意义的目标。本书将指导你如何实现这一目标。由此，你可以度过那些艰难的时刻，并在此之后更加充实地生活！

译者序

罗曼·罗兰说过，世界上只有一种英雄主义，就是在认清生活真相之后依然热爱生活。

这句话像一盏明灯，照亮了无数迷茫者的心灵。这其实就是妮古拉·摩根在本书中想让我们的孩子们学会的东西——心理韧性。

在这个科技狂飙、信息爆炸、竞争激烈的时代，青少年们正面临着前所未有的压力与挑战。他们中的许多人，还未真正踏入社会，就已经感受到了生活的重量。

生活的“真相”是什么？是深夜 12 点还在书桌前做题的疲惫，是考试失利后的自我怀疑，是被朋友误解与孤立后的恐慌，是对未来的迷茫与焦虑……

面对真实的生活，面对那些生命中难以承受的日常，有人选择逃避，沉迷虚拟世界；有人选择放弃，生活在抱怨与怀疑之中；也有人选择直面，在困境中寻找出路。

我很喜欢体育，爱玩也爱看。一位足球解说员曾经说过：“人生当中，成功只是一时的，失败却是主旋律。但是如何面对失败，因人而异。有的人会被失败击垮，有的人能够不断地爬起来继续向前。”这么多年与体育相伴的日子，确实让我深深地明白，在体育的世界里，没有长胜的将军，只有用失败锤炼自己的小兵。正是一场场输掉的比赛，才让我慢慢有了越来越强的韧性，敢于面对明天升起的太阳，敢于面对下一场全新的比赛。

生活就像一场永不停息的马拉松，失败是路旁的里程碑，记录着每个奔跑者的成长。在每一个奔跑少年成长的道路上，挫败不是终点，而是一个个新的起点。真正的成熟，不是永远不会被打败，而是学会在跌倒后快速起身，拍去身上的尘土，继续前行。这不是要求他们成为无坚不摧的超人，而是希望他们能够建立起健康的心理防御机制。当被人嘲笑时，能够告诉自己这只是人生长河中的一朵浪花；当遭遇不公时，能够保持对正义的信念；当面对诱惑时，能够坚守内心的准则。

妮古拉·摩根的这本书，便是想帮助我们探索如何能够有效地培养和锻炼心理韧性，从而协助我们走出困境，重建自信。从建立支持网络到成为一个乐观主义者，妮古拉·摩根通过给出积极、实用的建议，让我们为应对必然会到来的困境做好准备，帮助我们从逆境中重装上阵。

生活的本质，就是在摔倒与爬起中寻找生命的意义。真正的成熟，就是在认清生活真相之后依然热爱生活，在经历挫折之后依然保持希望。我们和这本书能留给孩子的，就是这份希望！

本书由我和伏丹涵、韩奇桐、郁嫣、张咏静、张敏、王雨婷共同翻译完成。特别感谢六位温暖与细腻的笔触为这本书点缀了更鲜活的色彩！

此刻，寒梅已经在雨水的滋润下，吐出了格外的芬芳。

陈昌凯

2025 年 3 月 3 日于金陵

chapter 1 第一章

理解心理韧性

什么是心理韧性？

心理韧性，也被称为心理复原力，或是“逆商”。“复原力”，这从字面意义上可以理解为“回弹或恢复的能力”，它来源于拉丁语“*resilire*”，意为“反弹”。这个词从 17 世纪就已经开始被使用了，但在最初的几百年里，它仅仅是被用于描述物体在被拉伸或弯曲后能否反弹或恢复原形。直到 19 世纪，人们才渐渐开始用“韧性”这个词来形容人。今天，我们谈论一个物体的韧性时，引申义指它在受到各种刺激或侵蚀时的承受能力或恢复能力。有些类型的石头或木材相对来说比较耐水；而有些植物更能抵御严寒或干旱。一个人具有心理韧性，指的是他们在遭遇问题或挫折后能够“反弹”回来，能够恢复他们原本的自信和乐观，并以积极的态度面对未来。

这些问题或挫折可能是疾病（心理上的或身体上的），也可能是经济损失、失业、受批评、失败等等。这些困扰可能是比较小的，例如在考试中失利或被别人指责；也可能是大一些的，例如多年努力的目标却没有实现，或者是与亲近的朋友决裂了；或者是更大的困境，例如遭受虐待或要面对至亲的离世。同样是这些问题，不同的人往往会有自己不同的感受。同样是经历父母的离异，有些人会非常崩溃、难以承受，而有些人却可以理解并接纳。其实，你能想到的任何不愉快的经历，每个人的感受往往都是不一样的。

我们对于韧性的讨论往往不只局限于人和物，我们也会谈到一些组织和群体的韧性。一个家庭在失去经济来源、亲人离世或严重疾病后需要有能够恢复的力量。一家公司需要在金融衰退、租金或税收上升时保持业务的韧性。一个学校在校内发生悲剧事件后需要重新振作起来。再用一个例子来说明，如果你和你的朋友们组成的团队能够经历争吵和挫折，没有分崩离析，这就有可能是有韧性的朋友团队。随着时间的推移与个人的成长，团队成员发生变化与分离也是很自然、很正常的事情，所以这个例子并不是价值评判。

这是一本关于你自己和你的心理韧性的书。我相信你在此之前的人生中已经或多或少经历过一些问题与挫折。也许有些人还经历过一些非常困难的境遇，在这些境遇中，可能你会觉得自己应对得很好，也可能你觉得自己依然受困在当时的苦难之中无法走出来，总是害怕会重新经历类似当时的处境。我们每个人所经历的挑战、身边存在的支持以及对于未来的预期与感受都不尽相同，所以每个人的过往经历、焦虑程度、心理韧性、现在的情景和未来的规划也都各不相同。所有的一切都不是你的“过错”，这本书的存在就是为了陪着你、帮助你，让你以后遇到各式各样的问题或困扰时能够更加坚强。

人类的一个特点就是我们身边发生的任何事情都在改变我们，我们在经历每一件事情之后永远不会和之前一模一样。因此，具有心理韧性并不意味着要完全恢复到之前的状态，而是意味着能够触底反弹，恢复与之前一样的心性，甚至比以前更加坚强。这个过程通常意味着接受变化并且看到其中能够让我们破茧重生的部分："我处理好那件事了——虽然过程很艰难，但我也有机会从中更加了解自己、贴近自己，并且我知道现在我可以处理类似困难的事情了。"

这本书将以实用的方式来展示如何培养自己的心理韧性，无论你处在什么年纪或人生的哪个阶段，都可以从中找到能够即学即用的技巧与方法。

心理韧性的同义词

在研究"韧性"这个词时，我发现了很多意义相近的词。我想你可能会想要看看其他的一些可以辅助理解的词语，也许它们会让你对"韧性"这个听起来很枯燥的词产生积极的感觉！

正如我们在本章一开始说的，心理韧性可以被称为心理复原力，"韧性"（resilience）也可以替换为有弹性的（springy）、弹性好的（bouncy）、灵活机变的（flexible）、橡胶般有弹力的（rubbery）、有弹力的（elastic）、适应力强的（adaptable）、不可压制的（irrepressible）、可快速恢复的（quick to recover）、可伸缩的（stretchable）、易弯曲的（pliable）、坚韧的（tough）、富有弹性的（stretchy）、柔韧的（whippy）、柔软的（supple）、强壮的（strong）、坚强的（hardy）。

在这些词语当中，你最喜欢哪个？

对于我来说，我最喜欢“不可压制的”（irrepressible）这个词，因为从字面意思上就可以理解为“你无法压倒我”。

心理韧性是一种与生俱来的性格特质吗？

大多数研究人类行为的心理学家，普遍认为心理韧性并不是一个天生就有的性格特征，要通过不断学习，才能让我们自己更具有韧性与复原力。有时候，某些人看起来天生就比其他人更具有心理韧性，但事实并非如此。他们只是出于种种原因，培养心理韧性的过程相对于其他人来说更容易一点。

此时此刻，你的心理韧性与其他人不同，原因有很多种。可以试着思考：

* 你的生活中是否发生过很多消极或积极的事情？
* 你是否觉得被消极的事情主宰了自己的生活，或有一件很严重的消极的事情让你难以释怀？
* 你周围的成年人是如何帮助你处理负面经历的？
* 你生活中接触到的成年人是否展现出他们的心理韧性？
* 通过向生活中的成年人学习，你可以做出积极的改变还是只能被动地接受发生在自己身上的事情？

这些你无法控制的因素会影响你的心态。它们可能会让你用自责、消极、宿命的视角来解释不好的事件（“这是我的错”，或“我是个不幸的人”），而不是以积极的态度（“好吧，事情反正已经发生了，我该如何处理呢？”）来解释。

我们对于自己经历的解释影响着我们的心理韧性，因为心理韧性存在于我们的心智中，并依赖于我们的语言系统。你的思想、与自己的对话方式均会影响你的感受，而你的感受又会影响你的行为。想法、感受和行为是紧密相连的。你在脑海中使用的词汇——你的思想——是改变产生的源头。

性格也会在某种程度上影响心理韧性。如果你是个容易担心的人，你可能会更多地沉浸在消极情景中。如果你是一个特别关心他人或敏感的人，你可能会比其他人更容易受到痛苦事件的影响。因此，你可能需要付出更多的努力。

另一方面，许多人会认为，很多“人格特质”是我们在成长中习得的，而不是天生的。例如完美主义的形成，可能是因为个人在成长的过程中持续观察到父母事无巨细的行为举止；也可能是在做得很好获得赞扬后，希望能够再次得到这种赞扬；或是看到兄弟姐妹因为某项成就而受到表扬，自己却做不到；可能是从周围的成年人、电视或社交媒体那里无意中听到关于“完美主义”的观念。

人类行为的形成受到很多因素交互影响，如生理驱动、心理调节、环境塑造等。

心理韧性的形成受到这些因素的综合影响，但大部分专家认为天生的性格只起到一部分作用。在你迄今为止的生活中，其他的影响因素已经培养出了你一定程度上的心理韧性，无论这个程度相比其他人是多还是少，你永远都可以进一步培养自己的心理韧性。

有些人在谈到艰难的童年经历时，会说这有利于儿童的“性格塑造”。这个观点其实很危险，它听起来好像是在为严厉对待儿童的行为做辩护。必须强调，这个观点是错误的！

一部分经历过苦难童年的孩子成长为坚强的成年人，并不意味着苦难都是一件好事，因为其他很多受过童年磨难的孩子在成年后依然受到那些童年经历的负面影响。遭遇可怕的事情并不是让我们变坚强的必要条件。虽然一些小的挫折和伤害未必会造成持久的伤害，可能会让我们在余生中变得更加坚强与成熟，但有些挫折和伤害会在我们的心理或身体上留下永久的、难以愈合的疤痕。

具备心理韧性是指能够产生一种坚强的、不易受伤害的、随时准备好为未来而变得更强的心态。

无论性格对于心理韧性的影响到底有多大，有一点是不会改变的：心理韧性是可以通过学习来培养、改进和建立的。无论你的起点如何，无论你认为自己多么缺乏心理韧性，无论你曾经经历过多么糟糕的事情，你都可以变得更擅长在困境中迅速恢复，甚至变得更坚强。

心理韧性不是一种天生的人格特质，这是一件好事情。因为无论你是谁，无论你过去和现在的情况如何，你都可以培养出更好的心理韧性。这本书将向你展示如何做到这一点！

为什么有些人的心理韧性较弱？

有些因素会给心理韧性的培养带来挑战，不过，这些因素并不意味着无法形成心理韧性。就像在开始比赛时，每个人的起点不同，这会让有些人的起点看起来落后于其他人。如果你遇到了类似情况，不用担心（因为本书会向你展示如何克服这些困难），重要的是将这些知识作为善待自己的方式。这些情况都不是你的错。不过比起那些处境相对轻松的人，也许你会需要一些额外的支持，并且付出更多的努力。

艰难的人生开端——有时被描述为“负面的童年经历”，它涵盖了很多的情况，包括家长的疾病、忽视、创伤、被虐待等因素。如果你很小的时候就被收养或被寄养，那么在那之前，甚至在你意识到之前，你很可能已经有过艰难的经历。这可能会影响你日后的心态和焦虑程度，意识到这一点本身就很有帮助。

至亲离世——失去一个或两个家长、主要照顾者，或是失去兄弟姐妹或其他亲近的家庭成员。

精神疾病——如果你有焦虑症或其他精神疾病的病史，要保持心理韧性会更不容易。如果你周围的人正在忍受精神疾病的痛苦，也会使你的心理韧性更难培养，因为你也可能会承受一些由他们带来的焦虑。

屡遭厄运——尽管有些人在经历了不幸事件后会变得更加坚强，但大多数人会自然而然地感受到心力交瘁。有些人会开始假设坏事总会发生在自己身上，并且提前就为此感到非常焦虑，这是非常自然并且可以理解的。

缺乏支持——我们都需要有人在我们遇到困难时能够让我们依靠、给予我们支持。如果你觉得身边没有你信任的成年人能让你放心地向他们求助，也许你的心理韧性也会因此受到影响。

缺乏好的榜样——如果你生活中的成人没有展现出他们的心理韧性，这很有可能会影响你自己心理韧性的培养，让你更难拥有复原力。我并不是在这里责怪那些成年人，有很多可以理解的原因会导致他们缺乏心理韧性，他们没有获得过本书中提供的有效建议，他们在生活中也缺乏支持。

还有另外两个因素也可能会对心理韧性的培养产生消极影响。我将它们从上面的列表中分离出来，一是因为它们非常常见，另外也是因为它们与之前列举的消极经历属于不同类型：

家长过多帮助——父母由于过度担心而不让孩子冒险和面对挑战，孩子长大后容易过度焦虑，从而无法承受失败或挫折。

某些消极的性格特质（例如完美主义和失败恐惧）——这意味着可能任何一个小的挫折都会让人感觉非常巨大，让人难以承受，丧失继续前行和再次尝试的力量。这也是非常常见的。

很多人会发现他们自己符合以上某个或多个情况。但是，问题并不一定会拖垮你，或者说，当问题拖累你的时候，心理韧性会帮助你重新振作起来！

本书将教会你如何增强心理韧性。

其他重要词汇

心理韧性并不是本书中唯一重要的词汇。以下是我在本书中会用到的其他概念。你可能对这些词已经很熟悉了，不过我还是想对它们的定义解释得更清楚一些。

自尊或自信

这两个词听起来很相似，但它们的含义并不完全相同。它们都是褒义词，都描述了一个人对自己感觉良好的心理状态。它们也都很重要，当一个人的自尊或自信不足时，他们的心理韧性也会被削弱。

在两者中，自信更为重要且内涵更为广泛，因为自信是向前看的。自信意味着相信自己能做某件事情并拥有面对挑战所需要的某些技能和资源。自信的你能够影响你的未来和你周围的世界。而自尊更多是关于你如何看待自己，是否认为自己是一个有价值的人。

当然，一个人可能会过度自信，会做出一些冒险行为。因此，自信也需要建立在理智和常识的基础上。一个人也可能自尊过强，变得傲慢、自恋和自大，所以自尊需要通过体谅他人的感受来平衡。

自尊和自信虽然相似，但并不完全相同。你既需要适当的自信，也需要适当的自尊，但我更希望看到你表现出自信。这本书将帮助你建立自信，而变得自信也可能获得更好的自尊。这是双赢的！

快乐、幸福和心理健康

这也是三个相似但不同的概念。

快乐是一种情绪。它描述的是一种明显的、即时的愉悦与满足感。“愉悦”是一种强烈的、令人兴奋的快乐感受，例如当你看到你爱的人，或赢得了奖品，或收到了一件你非常喜欢的礼物。“满足感”是一种比较平静的快乐感受，当你坐在户外沐浴阳光，或者去一个对你来说很特别的地方散步时，你可能会感觉到这种满足感。

“幸福”不是一种即时的情绪，而是一种更为长久的存在状态。在这种状态下，你拥有良好的心理和身体健康，感受到自己的坚强并能够不断面对新的挑战。你既不会过度紧张，也不会非常无聊。你对今天、这一周和未来都保持着积极乐观的心态。你对自己的生活感觉良好——至少不觉得糟糕。你也许会感受到真正的幸福，或者你会说：“我感觉还可以——我没事。”

心理健康也不是一种情绪，它与幸福很相似。我注意到当很多人在说“心理健康”时，他们其实想要表达的是没有“心理疾病”（心理疾病是指你患有特定的精神疾病，例如抑郁症、焦虑症、严重的恐惧症或饮食失调）。我也听到人们说“我心理健康”，但其实我们中的有些人心理健康状况良好，有些人则不佳。那些“心理健康状况不佳”的情况既包括了患有特殊精神疾病的人，也包括了心理脆弱、情绪低落但没有确切医疗诊断的人。

幸福和心理健康紧密相关。如果你有良好的幸福感，你通常也会拥有良好的心理健康状况。你仍然可能有特定的心理挑战，但良好的幸福感会帮助你应对挑战。

幸福感、良好的心理健康状况，与心理韧性有着紧密的双向关系。建立心理韧性会提高幸福感和心理健康状况；当你有良好的幸福感和心理健康状况时，建立心理韧性也会变得更加容易。

因此，本书将有助于你培养良好的幸福感和心理健康状况。而且，这也将帮助你获得更多成功，更加快乐，更提升你的心理韧性。这真是太棒了！

组成心理韧性的成分是什么？

如果我们想尽可能地拥有更强的心理韧性，并充分利用生活中所有美好的事物，为未来可能遇到的一切做好准备，我们就需要具备一些技能和特质。

不同的心理学家关注了这些特质的不同方面，使用了不同的词语，并提出了不同的呈现方式。你可能会听到人们谈论心理韧性需要坚毅、决心、信心、动力、目标、抱负、自信、雄心、慷慨、感恩、正念、连贯性、学习能力等。太多的词汇了！

在我看来，之所以会有这么多描述韧性的成分和词汇，是因为心理韧性是一种完整的生活和思维方式。它关乎你如何看待发生在你身上的每一件事和进入你脑海的每一个想法，它关乎你如何让你的思想发挥作用……

在深思熟虑后，我还是将它们区分了出来。我将给你提供五个可以重点建设和加强的领域，这些领域不仅仅会锻造你的心理韧性，还会赋予你所有强大心智所需要的其他性格特质。无论你当前的心理韧性是强还是弱，每个人都可以做到。

在本书中，我将向你展示如何构建你的：

1. 支持网络
2. 技能
3. 应对策略
4. 勇气
5. 未来

你可以做到！

现在你已经知道了什么是心理韧性，相信自己能够提高心理韧性，并在日常生活中变得更坚强。下面让我们来看看你可以用来构建心理韧性的方式——这不是需要你逐一解决的事情，也不需要你按部就班、逐一关注每个方面——这些是能够融入你生活的一种思维方式和生活方式。每一天，你都会有机会将这些想法付诸行动，而每次你这样做的时候，你都会帮助自己变得更强大、更有韧性。

接下来的每一章，都将从一些案例开始。他们不是真实的人，但肯定是基于对现实中人的某些特征的提炼。你可能会感到其中的一些角色就像是你生活中认识的人，有些甚至可能像你自己。当我描述这些人时，我没有任何要妄加评判的意思，我提供的只是不同个性、情况和行为的例子，这些例子将告诉你如何提高自己的心理韧性。我们可以从其他人身上学习，从他们的成功和错误中学习。通过观察典型的案例中人们如何面对发生在他们身上的事情，我们也会逐步增强同理心和自我认知，这两点在引导我们自己的人生时也至关重要。

在每一章的结尾，都会有一个“反思与回顾”的环节，要求你在了解了相关知识后，再次思考这些角色。你会对这些人说些什么来帮助他们建立心理韧性？他们是否可以做一些事情来让自己的生活经历变得更加积极？你从他们身上学到了什么？你怎样才能成为他们的好朋友？在附录中，你会找到我对这些问题的建议答案。

世界上最幸福的人

在 2020 年迎来百岁生日的埃迪·贾库（Eddie Jaku），是布痕瓦尔德和奥斯威辛纳粹集中营的幸存者，可谓是拥有心理韧性的最高典范。他带着自己许下的承诺度过了那段极其恐怖的经历——每天都要微笑。《世界上最幸福的人》是他自传的标题，在他的自传中，他讲述了自己是如何增强心理韧性的。

埃迪知道，他之所以能活下来，很大程度上是靠运气，他也深知在那段经历中，有太多勇敢、坚强、了不起的人没能幸存下来。他的故事向我们展示了人类心智克服“坏事”的潜能。幸运的是，我们大多数人永远不会经历与他相似的苦难，但我们都将面临自己的挑战和黑暗时刻，我们可以从埃迪和其他有心理韧性的人身上学习他们所拥有的特质和技巧，来帮助我们应对自己的困境。

就在我写这本书的时候，我听到了英国广播公司（BBC）对埃迪的采访，觉得他的故事非常鼓舞人心，并且与我刚刚写下的内容紧密相关。

简单到“每天都要微笑”的承诺，就能给我们的人生带来改变吗？他说：“快乐是我们可以选择的。”这并不总是那么容易，不过我认为我们可以选择微笑和努力来建立我们的心理韧性。对某些人来说，在某些情况下这比其他人更难做到，但是当埃迪做出“快乐”的选择时，他还只是一个普通的孩子。他做到了，我相信你也能做到！

♥ 日记时间

写日记是一个梳理和厘清我们思想的有效方法，同时也可以很好地记录我们自己的进步。你不必遵循任何写作规则，因为这只是写给自己看的，不会被其他人评判。当然，如果你并不喜欢或感到不舒服，你也完全可以不这样做！

不过如果你想要尝试一下，以下是你在阅读完本章内容后可以在日记中记录的一些事情：

1. 在“心理韧性的同义词”部分中，你最喜欢哪三个词语？

2. 你希望从这本书中得到什么？

3. 你目前觉得自己面临的最大挑战是什么？有什么在削弱你的自尊和自信吗？

4. 你上一次感到快乐是什么时候？你能写下那是什么样的感觉吗？

5. 你觉得自己的韧性如何？当遇到困难时，你觉得自己能很好地应对吗？你觉得哪类问题最棘手？

6. 你是否能想起一件你虽然没把握，但仍然努力尝试的事情？当时发生了什么？

我的日记

我的日记

chapter 2

第二章

建立你的支持网络

这对培养心理韧性有什么帮助？

在我们的生活中，有人可以帮助我们形成心理韧性，也有人可能会阻碍它的形成。有些人际关系会帮助我们茁壮成长，有些则会将我们拖入深渊。孤独同样也会让我们陷入困境，因此，能够建立良好、积极的人际关系，也是人类最好的生活方式之一。幸运的是，我们可以做一些事情来确认我们与他人有着积极的联系，知道他们是真正关心着我们的，在必要的时候，我们还可以向他们求助。当然，我们也会反过来去关心和支持他们。本章将向你介绍拥有“这些人”对于心理韧性的重要性，并让你的支持网络更好更有效。

青少年的案例

我们来看几个案例。他们身边其实都有支持他们的人，原本他们可以通过这些关心他们的人来帮助自己变得更强。但他们却并没有意识到这一点，因此也没能重视或是利用他们自己的支持网络。

艾比正在读中学二年级，她总是很安静、害羞，很在意别人的看法。同年级的很多孩子爱聚在一起玩耍，她觉得自己被排除在了群体之外。因为她不喜欢参加集体活动，确实偶尔会有人取笑她，说她很无聊。艾比的父母也并没有要求她参加各种课余活动，他们的工作也很忙，所以他们只是很高兴艾比没有什么功课方面的问题。艾比没有兄弟姐妹，小学时她有一个好朋友叫比拉尔，他们经常在户外活动，收集小虫子，制作自然视频，写故事。但在他们上中学后，因为有人笑话比拉尔和“那个无聊的女孩”(艾比)一起玩，之后他们就不再一起玩，也不再是朋友了。艾比最享受的事情就是看书、画画和制作视频，她其实非常有创造力。为了避开那些“吵闹”的同学们，她会在午餐时间去帮助学校图书管理员工作。虽然图书馆那里也有几个和她同龄的孩子，但当艾比试探性地尝试与他们交流时，她并没有得到真诚的回应。

有一天，一个新来的女孩邀请艾比去她家做作业，但艾比不知道自己该不该去，所以就拒绝了。

艾比感到越来越焦虑，因为身边的每个人都在成长，而她却好像觉得自己和所有人都不一样：更安静，更无聊，更幼稚，还不那么时尚。她幻想自己是唯一会说某种语言的人，或者她独自一人躺在一个无边无际的沙滩上，或者飞机上只剩下她一个人，所以她必须自己驾驶飞机。有时她觉得自己快要疯了，她好像控制不了她脑子里的各种想法。为什么她和其他人不一样呢？为什么他们都长大了，她却好像被卡在了小时候？她是怎么了？

克里斯在伦敦一所规模很大的中学里读五年级。几个月后，他将迎来人生中最重要的考试，他一直期待着能在这次考试中取得好成绩。他家里有三个孩子，他排行第二。他有一个比他大两岁的哥哥和一个比他小四岁的妹妹。他的父母很早就离婚了，克里斯从那以后就没见过他的父亲。他的母亲最近再婚了，但克里斯和继父的关系并不是很亲近。最近，他的母亲又怀孕了。克里斯的哥哥对他有些敌意，因为克里斯是个好学生，而哥哥却在学校里惹了很多麻烦。克里斯的妹妹一心想要进某所很特殊的学校，所以正在接受一对一的补习，也因此受到了很多的关注。克里斯的妈妈和继父忙得不可开交。克里斯从不给他们“惹麻烦”，而且他也希望一直保持这样。

一天晚上，他的母亲因为紧急情况被送往医院，他的妹妹去了祖父母家，而克里斯本该和他的哥哥留在家里。但他的哥哥并没有乖乖留在家里，而是整夜未归，回来时衣衫不整，眼睛瞪得大大的，却不肯说发生了什么事。克里斯不得不替他向继父打掩护，还因此担心了一整夜，无法入睡。第二天，克里斯交上去的家庭作业做得很差，而且有史以来第一次考得很糟糕。当老师问他原因的时候，他却说不出话来。他变得无法集中精力上课，这又让两位老师对他失望。同学们却嘲笑他：“克里斯这个‘模范生’有麻烦喽！”他与几个同样很优秀的同学是好朋友，但他无法向他们说明发生了什么。他甚至都无法向自己解释清楚。在接下来的一周里，他的母亲仍在医院里，他的哥哥要他为其保密，而他的继父则陷在他自己的烦恼之中。克里斯的生活一落千丈，他连做作业都无法集中精力，更谈不上复习了。

克里斯开始恐慌，他的成功难道只是一场黄粱美梦？难道他真的不适合他所追求的事情？难道他终究无法在考试中取得优异成绩，如愿以偿地进入一所好大学？那么，他又该向谁求助呢？

西玛今年14岁，她在同龄人中非常受欢迎：她在长相、健康、身材、头脑、经济条件和朋友关系等方面都很出众，至少表面上看起来如此。最近一些人注意到她越来越瘦，并且对此品头论足，西玛很喜欢被这样议论。当她的父母说她太瘦时，这对西玛而言其实是一种赞美，因为他们过去总说她的婴儿肥会随着她的长大而消失。当她的朋友评论她纤细的腰和手臂时，西玛会感到非常兴奋。她会不停地捏自己，以检查脂肪是否比昨天更少。她并不认为自己已经够瘦了，也算不上苗条。

现在，有一些朋友开始像她父母一样认为她太瘦了，说这是病态的，认为她应该去寻求帮助。可西玛认为他们只是嫉妒而已。他们是她真正的朋友吗？真正的朋友难道不应该是那些帮助自己吃得越来越少的人吗？因为真正的朋友会帮你做任何你想做的事，不是吗？

西玛没有意识到她自己的身体状况已经非常危险了，她对于“真正的朋友”的看法也是完全错误的。她认为自己能够控制住不吃东西是一种很坚强的表现，而且体现出自己超强的自控力。但事实上，她很虚弱，也没有心理韧性，她需要找到那些真正关心她的朋友，听一听他们的意见。

艾比、克里斯和西玛都是正处在一个非常重要的分岔路口上，这也正是建立心理韧性非常关键的时机！如果他们现在能采取某些有效的行动，他们就能克服当前的困难，心理韧性也会在成功的经验当中发展、壮大起来。

他们陷入困扰的原因各种各样，这些并不是他们的错，不过他们依然可以做一些事情来让情况慢慢好转。艾比、克里斯和西玛，以及许多像他们一样的人，身边都有可以为他们提供帮助和支持的人，可他们要么是忽略了这一点，要么是不知道如何寻求他们的帮助与支持。他们自己默默承受了太多本不需承受的压力或重担，因此感到孤立无援。这也是他们心理韧性亮红灯的时刻，因为当不好的事情发生时，他们可能会因此被击倒，而无法找到那个能拉自己一把的援助之手。

还有很多其他情况和原因会导致一个人在寻找和深入了解自己的支持者、建立自己的支持网络时遇到困难。无论我们是艾比、克里斯、西玛或是其他的角色，我们都有很多方法能够确保自己找到能帮助自己的人。在艾比的故事中，我们对比拉尔了解不多，只知道相比于和艾比一起玩，他更倾向于和自己的新朋友一起。很可能对于他来说，这是一个正确的选择，我们不应该因此而谴责他，因为友谊确实是会改变的，我们需要做的是尊重、跟随自己的直觉和感受。

你可能认识像例子中提到的人，也可能会在自己的身上看到他们的影子，或者可能你正在经历完全不同的问题。无论你是谁，无论你的处境如何，可以确定的是，你都需要其他人的支持。正如诗人约翰·多恩（John Donne）在《没有人是一座孤岛》中所说的，这可能就是一个真正的人该有的样子。或许你想看到这首诗更多的内容：

没有人是一座孤岛
可以在大海里独存
每个人都像一块小小的泥土
连成整个陆地
……
无论谁死了，都是我的一部分在死去
因为我包含在人类这个概念里

我们是相互影响、无法分割的。或者说，孤立无援的情况会从各个方面削弱我们作为人的能量。不过，也许你会觉得，“建立你的支持网络”这种话听起来有点刻意和冷漠。可能你会认为“交朋友”应该是自然而然发生的，而不是我们要刻意去做的事情。如果有一节专门学习“如何交朋友”的课程会非常奇怪，不是吗？

当然，当事情进展顺利时，结交新朋友是很简单且自然而然的事情。和他人相处愉快的时候，我们可以随心所欲地选择是呼朋唤友，还是独自面对。但当事情的进展并不顺利，或者我们对自我感觉不佳的时候，我们很容易犯错，会把事情弄糟，会拒绝和他人接触，或者是不知道该向谁求助，这也是我们最需要心理韧性的时刻。

以下的情景可能我们每个人都经历过：

♥ 也许有时候选择独处对我们来说更容易些，于是我们开始封闭自己，切断和外界的联系来保护我们自己不要受伤。

♥ 也许我们会感觉要被扑面而来的问题淹没了，没有人能帮我们。

♥ 也许我们选择的求助对象并不合适，有些朋友可以同甘，却不能共苦。

♥ 也许我们的朋友也正受困于自己的困境，没有余力向我们伸出援手。

♥ 也许我们在困境中没有办法理智思考，因此也无法找到最能够帮助我们的人。

♥ 也许我们不愿意向亲近的人倾诉个人的隐私和内心

的想法。

- 也许我们是内向且沉默寡言的人。
- 也许我们缺乏信心，不相信会有朋友愿意来帮助我们。
- 也许我们坚信“家丑不可外扬”，不愿与他人诉说。

因此，出于种种原因，特别是在经历困境时，我们需要额外的帮助。需要这种额外帮助，并不是因为我们软弱。你很可能已经拥有了一个超乎你想象的支持网络，只是你暂时还没有注意到它，也没有看到它的作用。

无论你是像艾比、克里斯、西玛，还是谁都不像，让我们来看一下支持网络的重要性和如何建立一个好的支持网络。

为什么支持网络如此重要?

人类本质上是社会性动物。这意味着我们倾向于在群体中生活和工作，并以各种各样的方式与其他的个体产生联系。这些联系可以是家庭、友谊或共同工作的纽带。这些纽带既可以被建立，也可以被打破。即使一个人自始至终独自生活、学习和工作——他们仍然与他人通过各种方式联系在一起。很少有人会主动选择完全与他人隔绝，但确实也有一些人因为物理环境而被动与人隔绝。例如，《鲁滨逊漂流记》

就在想象这样的故事。但那只是故事，非常不寻常，也不符合人类正常进化方式。即使我们有些时候确实需要一个独处的空间，但我们极少主动选择与他人切断联系的生活。

具有如此高的社会性，并且拥有比其他动物更庞大的关系网络，正是人类迄今为止在演化过程中取得成功的重要原因。现代人类，也称作“智人”，可以追溯到 20 万年前甚至更早的时候，那时的我们都是“狩猎者和采集者”。互相帮助和互相保护的集体生活正是我们作为人类能够生存和繁衍的原因。当我们组成团队进行狩猎时，成功的概率更高；集体生活和共同养育孩子也让我们能更好地躲避捕食者的威胁；我们在建筑、创造、解决问题、耕作、制造工具和迁徙等方面之所以能够取得成功，也是因为我们彼此分享信息，并相互合作。我们在联结中分享知识，于是，与他人的联系越多，我们可以分享的信息也就越多，提供帮助和接受帮助的机会也就越多。

进化的过程也在培养我们大脑的运作方式，促使我们去做一些有助于自身生存或成功的事情。我们在生物学上就是社会性的，但当我们出于种种原因难以和他人社交并建立联系的时候，这就会引发问题。

上述所有的一切在今天依然适用：虽然我们可以独立思考，有很多人也很享受这个过程，但我们仍然会从分享与倾听中受益。现代社会还为此提供了更多的渠道，包括通过书籍或电子设备来分享和倾听等，每种方式都有着各自的优点，但面对面的交流往往更容易激发我们强烈、重要和生动的想法和感受。

现代科技确实让我们在今天的生活和工作中减少了一些非必要的面对面接触，而如今选择独自生活的人也比一百年前要多得多。但我们仍然能够以多种方式与不同的人建立并保持着联结。最重要的是，我们都相信，在这个世界上总会有人在某个地方，当我们需要的时候，可以向他们寻求支持与依靠。

我们总是需要朋友，尤其是当我们感到沮丧或痛苦的时候。感到孤立无援是抑郁和焦虑等心理疾病的一个重要触发因素，也不利于心理韧性的建立与培养。

在几年前，我和丈夫一起搬到了现在住的小镇。在刚搬来时，我们谁也不认识。如果当时我和丈夫选择封闭自己，完全依赖于家人和过去的老朋友，而不去结交新朋友，那么现在当我们当中有人生病、需要帮助或是感到孤独时，就没有办法寻求身边人的支持了。当然，我们不是为了能够得到帮助而去交新朋友，而是因为我们喜欢交朋友的过程，也是因为我们作为人类天生就有这种倾向。这不是刻意为之，而是一个温暖和有趣的自然过程。对很多人来说，去认识新的人并不容易。有时我们确实需要斟酌一下，并提醒自己："去一个不认识任何人的聚会确实对我是很大的挑战，但勇敢一次可能就会收获意想不到的惊喜——在聚会上我可能会遇到有趣的人，可能会玩得开心。"

因此，朋友或支持网络——无论你怎么称呼它们——对我们的生存、成功和心理健康都很重要。因为我们是人类，这就是人类的天性。人类之所以如此，也是因为社交带来了好处，让我们能够成功进化并繁衍至今。

让我们看看在你情况不太好或是出某些状况的时候，如何构建支持网络，以促进你的心理韧性。

自我关照——做自己的支持者

接下来，我将和你一起梳理一下你的支持网络中已有的成员。不过在此之前，我首先要告诉你，第一个被列入这个名单中的人，必然是你自己。如果你都不支持你自己，自然也很难看到那些站在你这边的其他人。这个道理看似简单，但做起来却很不容易，当我们本身都不支持自己时，许多痛苦也会随之而来。

我们需要培养自我关照的能力，没有它，你会把一切都归咎于自己，看不到自己身上的优点，并且还会对自己过度苛责。当你遭受欺凌时，你会认为这是你活该；当你在学业上遇到困难，你会告诉自己是因为你太笨了；当你的心理状况不太好，你会给自己打上“软弱”的标签；当有人对你很刻薄，你会觉得这是因为你不够讨人喜欢，认为必须改变自己才能被爱。

所有这些事情都会损害你的心理韧性。你很难前进，难以恢复，因为你不相信你可以，不相信自己有能力成功、快乐。

如果你看到一只小动物被踢了一脚，你会有什么感受？你会认为它被踢是活该吗？会认为它不值得被爱吗？不会的，你会对它产生同情心。你会相信它值得被关心，而不是被虐待。

同理心就是指你感到自己站在那只小动物的一边，你可能不完全知道它的感受，但你有与之共情的感觉——最重要的是，你希望能减轻它的痛苦，你知道即使它有些行为让人烦恼，它仍然不应该被如此对待。你可能还会猜测这只小动物被踢的原因是施虐者感到愤怒，缺乏控制力，或者是正处在极度的压力中。但你知道，不管有什么原因，这只小动物都不应该被踢。你站在小动物这一边，你是它的支持者，你对它有悲悯之心。

那只小动物需要有人能与它感同身受，因为它无法为自己做这件事情。你是人类，你可以对其他生物、其他人和你自己抱有同情心。

首先，你需要对自己保持关心和关怀，这是你该为自己做的。

在实践中，保持自我关照，意味着当一些不好的事情发生时：

- 你不要为他人的行为而责怪自己。
- 你不要为那些自己无法控制的事情承担责任。

- 你不要对自己说："这些事情发生在你身上，那是因为你活该。"
- 你对待你自己，要像你对待另一个陷入困境的生命一样。

对自己的关照并不意味着对自己犯下的错误视而不见。如果你确实犯了错误，你内心关怀的声音应该承认它，同时思考如何避免再次犯同样的错误。

根据不同的情况，想想你的朋友或其他支持者会对你说什么，你只需要记得对自己说这些就好了。以下可能是你内心的自我关照的声音：

- "有时候事情出了问题可能和你无关。有可能是其他人的原因，有可能纯粹是倒霉。"
- "你不需要为别人做出的糟糕或残忍的行为负责。"
- "每个人都会犯错误——优秀的人会从中吸取教训。你也可以从中学习，而我可以帮助你。"
- "我相信你！你有力量，并且很有价值。"

你是自己最初的支持者，也是自己团队中的第一个人。你的任务是对自己保持友好和忠诚，并相信自己的价值。保持诚实，但要以温柔和更关照自己的方式诚实，努力成为一个更好的人，从错误中学习和成长。

实践小活动

想一想你经历过的一件不好的事情：可能是你和朋友吵架了，或者有人对你恶语相向，或者你在考试中成绩不好。设想一下，你是那个完全站在你这边的人，这个人会对你说些什么呢？如果想象这个有点困难，也可以想一想如果是你喜欢的人正在经历这些困境，并因此感到非常痛苦，你会对他们说些什么呢？你会批评他们吗？你会告诉他们这是他们的错，他们应该做得更好吗？当然不会。你会安慰他们，给他们信心，帮助他们找到防止问题再次发生的方法，让他们能够继续前进，变得坚强起来。试着以这样的方式对自己说话，让自己内心充满关怀与关切的声音。

每当发生负面的事情时，都这样做。

了解你的团队

现在你已经知道你是你自己的首要支持者了，接下来，你需要知道你自己团队中的其他成员是谁。当然，这因人而异，关键在于你和谁存在着某种联系，这种联系可能比你想象的要多得多！

你可能从未察觉，但这样的联系其实在你的生活中无处不在。你和你的家人是有联系的，尽管你们可能并不住在同一个房子里。你有爷爷奶奶、叔叔伯伯、姑姑阿姨吗？你和他们之间联系的强度既取决于你们接触的频率——这种接触包括面对面、视频、电话或是其他任何形式的交流，也取决于你们互动的方式。这和你有多爱一个人无关，因为爱是无法衡量的，在这种情况下去评判爱并没有什么帮助。重要的是你觉得自己与他们有多熟悉？你是否会和他们分享发生在你身上的新鲜事？你是否会向他们询问问题？

即使你觉得和某人并不那么亲近，你仍然可能与他们有某种联系。例如，假设你有一个一年只会见一次的姨妈，你觉得自己并不了解她，但你们之间仍然有联系——她与你有着血缘上的联系，她也关心你身上发生的事情。

你可能也和其他成年人有联系，这些人包括你知道名字，并且对其没有负面情绪的任何人。在学校里会有同学，在家附近会有其他年龄相仿的人。即使你们并不将对方称为“朋友”，你们之间仍然存在某种联系、某种信任。如果你在假期时或商店里碰到他们，你们会互相点头微笑，可能还会打个招呼。如果他们在你受伤时愿意帮助你，他们也能算在你的团队里！

让我们来看看你的这个支持团队。你只需考虑你自己的情况。思考每一个在你需要帮助时可能站在你身边的人。有些人可能会始终坚定地站在你身边支持你，有些人可能在不同的情况下支持力度有所不同，这都很正常。

♥ **那些直接照顾你并至少有一些时间和你同住的成年人：** 包括你的父母，或者其他的照顾者。你身边可能会有一个或多个与你关系密切的成年人，他们可以为你提供不同类型的帮助。

♥ **其他与你有血缘关系的成年人：** 爷爷奶奶、外公外婆、姑姑阿姨、叔叔伯伯等等。

♥ **作为家庭朋友的成年人：** 无论他们与你家的距离是近在咫尺还是远在海外。

♥ **兄弟姐妹：** 你们可能关系非常好，也有可能关系一般，但如果你有问题或需要支持，他们大概率会很乐意提供帮助。

♥ **学校或家里亲密的朋友：** 那些与你经常见面的人。

♥ **不那么亲密的朋友：** 也许你们是班上的同学，你觉得对方很好，但你不会说他们是你亲密的朋友。你会很高兴和他们一起做一件事情，碰面也会聊几句，但你们不会特意邀请彼此去对方家里玩。

♥ **和你一起娱乐的人：** 一起做运动、表演、唱歌或一起玩游戏的人。

♥ **组织相关娱乐活动的成年人：** 假设他们能够像学校老师那样遵守安全与保护原则，你也可向他们寻求帮助。

♥ **社会工作者、医生和任何医疗专业人员。**

♥ **学校里的成年人：** 教师、图书管理员、心理咨询师，校医、学校辅导员和教务主任等等。

如果你把这些名字写下来，花一些时间看看这份名单，是不是比你预想的要长？这是很棒的事，就算你觉得不是很长也没关系，你所需要的就是找到几个值得信赖的联结。任何时候，你可能都只需要向一两个人倾诉，但多几个联结也很有用，因为不同的人在不同情况下可以给你提供不同的帮助。

你需要知道遇到以下情况时，应该寻求谁的帮助：

♥ 当你感到担心时可以帮到你的人，无论这个担心多么没有道理。

♥ 在别人对你不够好时，站在你这一边。

♥ 当你怀疑自己的能力时，给予你信心。

♥ 可以和你一起玩闹。

♥ 可以和你一起放松。

♥ 提供诚实且友善的建议。

♥ 提供明智的建议。

♥ 能够帮助你解决问题。

♥ 帮助你想出一些好主意。

♥ 能够和你讨论一些深层次的话题。即使你的想法可能一般人无法理解，他也愿意倾听并尝试理解。

你还需要知道，即使你没有主动寻求帮助，也会有人会想到你。你需要有人能够：

- 注意到你情绪低落的迹象。
- 询问你是否需要帮助。在你拒绝时，给你一定的空间。
- 愿意花时间陪伴你。
- 为你担心。
- 关心你身上发生了什么。

我们还需要考虑每个人的优势和局限，这可能意味着我们在某些事情上能够得到特定某人的支持，但在某些事情上则不一定。例如，一个人可能是你的好朋友，但他的某些政治观点或道德立场却与你不一致。你可能不会向他们寻求这方面的建议或想法。这其实没关系，在某些话题上和某些人交流会让我们感觉顺畅和安全，而另一些话题则没有这种感受，这也是很正常的事情。在不同的情况下，选择向不同的人寻求支持是非常自然的。

我相信，我们的支持网络中有多元的观点和建议是有助于我们心理韧性的培养和建立的。这样，我们就可以听到不同的声音。虽然有些人有不同的看法，但他们仍然是很好的人，是我们生活中重要的一部分。只听取一种观点或是只认识一种类型的人，不会让我们变得更坚韧。树木在经历狂风暴雨后会变得更强壮。如果你只听到一种观点，你就会认为这就是全部，也就没有机会去检验你的信念，让它变得更加坚固。有时，你的信念应该在需要的时候及时进行调整。

请记住，培养心理韧性并不是为了防止负面事情的发生，而是为了在它们发生的时候，我们自己能够变得更强大。我们周围的人，在这一过程中扮演着很重要的角色，他们也不能阻止坏事发生在我们身上，但在坏事发生的时候他们能为我们提供帮助。我们的支持网络不是我们永远不会离开的洞穴，而是帮助我们免受伤害的保护壳。

实践小活动

画一张思维导图，把自己画在中心的圆圈里。在这个圆圈附近，写下你认为最值得信任的人的名字，并在这些名字周围也画上圈。在稍远一点的地方，写下其他一些与你有联结的人的名字。

在每个名字的旁边，写下“我会把烦恼告诉他”或“她总是能理解我的感受”，也写下你可能会向他们求助什么类型的问题或者会选择告诉他们的事情。

这就是你的支持网络，是能够支持你的团队！

他们之间有一个共同点：你信任他们！

接下来，让我们来看看什么是信任以及如何建立信任。

关于信任

我们需要信任他人，但不是信任所有人。有些人对待我们的方式很糟糕，并不关心我们的福祉和利益。有些人会把自己的需求放在我们的需求之前，这当然是可以理解的，我们也有可能把自己的需求放在其他人之前。其实，把自己的需求作为我们需要优先考虑的事项是没有问题的，并且是非常重要的。

有些人很容易信任他人，而有些人则不够信任他人。信任，意味着感到安全，并知道我们什么时候是安全的以及什么时候是不安全的。我们不可能一直百分之百地感到安全，因为生活总是充满风险，但我们确实时常需要那份安全感。

过于轻信

轻易相信他人可能意味着我们会有被欺骗、被戏弄或是失望的风险。这种风险不仅是会被其他人欺骗，也有可能是被视频、广告欺骗，而自己却浑然不觉。

一个人太容易轻信别人的原因可能有：

♥ 他们可能在成长过程中被保护得太好了，他们得到了大量的支持和爱，有人为他们处理好了一切，所以他们从来没有经历过别人用消极的态度来对待他们。

♥ 他们的成长经历可能非常艰难，使他们渴望被爱，当有人表现出喜欢他们时，他们可能就难以谨慎地去判断和识别这些“喜欢”背后的意图。

♥ 他们可能没有学过判断自己读到或听到的内容是否真实的方法。

信任感不足

信任感不足意味着我们从未向他人敞开过心扉，这会使我们很难建立新的友谊关系。我们可能会明显表现出对他人的不信任，而把他们推开。尽管事实并非如此，但我们还是可能会怀疑他人欺骗我们或是对我们不忠诚。我们甚至无法相信读到或听到的任何东西，即使那些是真实而有用的信息，也因此会错过一些机会。

一个人信任感不足的可能原因有：

♥ 他们可能被辜负过很多次，或者曾经有过非常失望的经历，一直到现在还深受影响。

♥ 他们可能有着非常艰难的童年，没有能够与一个或多个照顾者建立必要的“依恋”。心理学家约翰·鲍尔比（John Bowlby）在1970年代提出的依恋理论认为，婴儿需要得到来自一两位持续关爱他们的成年人的强烈关怀，满足他们的所有需求。无论出于何种原因（包括并非父母的过错），没有获得这种关怀的婴儿，可能会发展出不良的依恋模式，结果之一就是未来在信任和关系上的问题。

♥ 他们可能是由那种难以信任他人的成年人抚养长大的，抚养者的这种态度也影响了他们。

如何明智地信任

我们不能盲目地相信每个人，但也要能够信任和依靠某些人。因此，我们需要学习如何尽可能准确地识别哪些人是值得信任的。如果我们的问题是难以信任别人，我们应该学习如何能够信任他人；如果我们太容易轻信别人了，那我们就应该学习更加明智地选择值得信任的人。

对于那些可能在你支持网络中的人，这里有一些如何明智地信任对方的建议：

1. 关注你对某人的真实感受。当你们面对面相处时，你感觉到安全和舒适吗？肢体语言和眼神交流可以告诉我们很多事情，前提是我们能真正诚实地面对自己的感受，而不是只看到我们想看到的东西。

2. 检查一下是否有不信任对方的理由。如果有的话，那理由是什么呢？是不是有人告诉了你一些关于对方的负面信息？如果是这样，你能相信这些信息吗？还是因为他们曾经让你失望过呢？人们可能会犯错，但也能够真心悔改并避免再犯；但有些人会反复犯错而不知悔改。要谨慎对待你给别人的机会。

3. 如果你有任何疑虑，仍然可以给对方一个机会，但要小心分享相关信息。其实你也可以有不分享内心想法的友谊。

4. 对于那些不是你亲朋好友的人，考虑一下他们是不是从事需要遵守相关规则的工作，以及他们能否恰当回应你的需求，例如老师和医疗专业人士。

5. 对于那些亲朋好友，倾听你内心对这个人的真实感受。很可能你的直觉是对的，但直觉也并非总是百分之百可靠。

谁是值得信任的人？

你可能经常会读到一些建议，告诉你要和一个值得信赖的成年人交谈，我在这本书里也提到了很多此类建议。有时候，谁是值得你信任的成年人是显而易见的。但如果并不明显呢？有没有可能判断失误，遭遇信任背叛呢？

我所指的“值得信任的人”，并不是那些总替你保守秘密或有正确答案的人。有时候，有人出于保护你的原因，把一些你私下告诉他们的事情告知他人，这反而是正确的做法。不过，他们通常应该事先和你讨论一下这件事。而有些时候，其他人也不知道答案。或者他们可能也会有他们自己的问题，影响他们对你的帮助。

我所指的“值得信任的人”是那些真正尝试做正确的事情并帮助你的人；是站在你这边，关心你、担心你的人。

让我们来看看这些人可能会是谁。我还会为你提供一些指导方针，帮助你在不完全确定某人是否值得信任时对其进行判断。

♥ **亲属中的成年人**：我希望你家庭里的成年人，包括你的父母或其他监护人、祖父母、阿姨和叔叔等，都是值得信赖的人。通常我们应当默认家人是可信赖的，除非有充分的理由认为他们不值得信任。这些人与你有紧密的联系，应该把你的福祉和健康放在心上。

♥ **专业环境中的成年人：**包括在学校工作的老师、医生、其他医疗行业专业人员、社会工作者等。如今，为确保你的安全，所有经常与青少年一起工作的成年人都必须具备两个安全前提：一个是接受过如何对青少年保持适当行为的培训，另一个是接受过如何应对青少年求助的培训。因此，他们可以被视为值得信任的成年人。这些安全措施并不是百分之百有效的，在某些情况下，具有潜在危险的人同样有可能在这些人中间。这在学校里似乎不太可能，但的的确确发生过，因此不要忽视你的直觉。

♥ **你遇到的其他成年人：**可以是与你在任何场合互动的任何人。大多数看似想帮助你的人确实是想帮助你的，但你也知道，有些不怀好意的人可能会骗取你的信任。因此，保持小心谨慎是有必要的。

♥ **仅在网上“认识”的人：**一些怀有恶意的人常在网上骗取信任。在网上，你无法利用视觉和肢体语言来帮助自己进行判断。正如你所知道的，人们可以在网上谎报自己的年龄。唯一能够完全确定你可以信任在线上互动的人，是你通过如儿童热线或心理健康慈善机构等正规组织进行互动的人员。如果不是，请把你在网上的联系人的情况告诉另一个已知的值得信任的成年人，他们可以帮助你保持安全。

当你可能不应该信任时

某人是否值得信任并不总是显而易见、容易判断的，但有一些考虑因素可以帮助你做出判断：

1. 你和这个人的关系或友谊不应该是秘密或者需要隐瞒、见不得人的。如果你觉得你必须对其他值得你信任的人隐瞒这段关系，这就是一个危险的信号。

2. 如果对方要求你保守秘密，这是一个负面的信号。为什么他们要让你承担这种负担？如果他们要求你对自己父母或其他照顾者保密，这是一个非常糟糕的信号。除非是一些有趣、临时的事情，比如生日礼物或惊喜等。

3. 这个人会让你感到不舒服吗？他们有没有做什么你不喜欢的事情——例如，触摸你或者坐得太近？如果你不确定自己的直觉，请与其他成年人谈谈。

4. 倾听自己的直觉。如果你有什么担心的话，就不要认为这个人是一个值得信赖的人。信任是你给予的，而他们需要赢得你的信任。

实践小活动

写下一个或多个你愿意并且可以谈论以下这些情况的人：

学业上的担忧；被人欺负；感情问题；一个让你感到尴尬的健康问题；对自己外表的厌恶；感觉无法融入集体或与他人不同；与老师的冲突；对父母中一方或双方的担忧；

关于性的问题；你认识的人在酗酒或吸毒；你认为某人表现得很糟糕甚至在犯罪，但你不知道该怎么做；对未来的担忧；难以控制的强烈情绪；伤害自己或与之相关的想法；与自杀有关的问题。

有可以相信和依赖的人是值得感激的事情。如果你的名单上有空缺，想想是否能联系老师、其他专业人员或在线机构，你可以通过这些人或渠道来获取有效信息，信息同样可以为你提供支持。

重要提醒：如果你曾经想过伤害自己或结束自己的生命，或者思考过如何做到这一点，请立即寻求帮助。你可以拨打相关电话求助热线，获得免费的专业咨询和保密支持。

即使我们遵循了所有的指导与建议，有时候依然有可能会被人骗取信任。如果你对一个人做出了错误的判断，无论是积极的还是消极的，这并不意味着你是一个武断的人。相反，每次当你犯这样错误的时候，试着从中学习，并增进你对他人的理解。那么，你所学到的每一件事都能增强你在未来决策情景中的心理韧性！

建立良好的友谊

在前文可以看到我们需要从支持网络里获取支持者的名

单。你也思考并列出了那些可能符合这些条件的人，相信你的朋友也在其中。如果你足够幸运，友谊会进行得很顺利，但如果不顺利的话，我们该怎么办呢？

以下是一些建立和加强良好友谊的建议。这些建议在你人生中结交新朋友的时候同样适用，相信你肯定能用得到：

♥ **欣赏他人的差异：**并不是你所有的朋友（或是你支持网络中的其他人）都与你的需求或愿望完全吻合。也许他们需要热闹和刺激的环境，而你则希望平和与安静。当一个朋友的需求与你不同时，如果你们能互相包容彼此的差异，你们仍然可以成为很好的朋友。

♥ **做一个好的倾听者：**当朋友向你倾诉时，要专心倾听。你不需要给他们任何答案，但要认真地倾听，试着理解他们的感受。不要觉得他们的担忧是无稽之谈，要尊重、接受他们所表达的真实的感受。

♥ **给予和接受：**在一段良好的友谊中，每个人都在给予和接受，但不一定是同时进行的。有时，你可能需要给予支持，而在另一些人那里，你可能需要得到支持。有时一个人需要更多的支持，这完全没问题。慷慨大度是件好事，但如果长期只是单方面慷慨付出，有可能就会成为问题。你为一个有需要的朋友提供了大量支持，当你发现自己同样需要帮助的时候，你可能需要找其他人支持。

♥ **花时间在友谊上：**所有的关系都需要花费时间去经营，但有些关系比其他关系需要更多的精力。这就是为什么我们无法真正维持太多的朋友。一些人在社交媒体上的“朋友”数量远远超过他们真正花时间相处的数量。“邓巴数（Dunbar's number）”是个有趣的小知识。进化生物学家罗宾·邓巴（Robin Dunbar）曾说过，150 是人类能够维持的最大社交圈人数。花时间在友谊上的方式有很多，包括聊天、玩游戏、一起闲逛、询问你的朋友的近况、做让他们开心的事情、以某种方式陪伴他们。

♥ **创造与朋友共享的积极回忆**：回顾愉快的时光，对朋友说：“记得我们当时……”这些回忆也可以帮助我们度过关系中的困难时期。找到你们可以共享的经历，无论是旅行、看电影、在咖啡馆吃甜点、野餐还是探险。记得拍照，并且保存好纪念品，或采取其他你喜欢的纪念方式。

♥ **忠于自己**：有时，人们会和他们并不真正喜欢或认同的人交朋友。你不必和那些让你感到不舒服的人做朋友，事实上，你可以通过离开这个情境来帮助自己，并对自己表示关怀与关爱。这也并不意味着你在任何事情上都得同意朋友们的意见。在本章的其他部分中，你可以找到更多关于这方面的建议。

实践小活动

你能想到最近帮助过你的一位朋友吗？无论他们是亲密的朋友，还是比较疏远的，是新朋友还是老朋友。如果有，你曾好好地感谢他们吗？或者，你认识的某个人最近正在经历困境吗？如果有，你能给他们发个消息或者做些事情来表达你对他们的关心吗？

礼物当然是很美好的东西，但给予礼物的行为不一定要花费什么。它可以是一张手工制作的卡片、一条短信或电子邮件、一张提醒他们美好时光的照片、花园里摘的一朵花、一块涂鸦过的小石头或海滩上的贝壳、一个拥抱。你可以用几句话来对他们的帮助表达感谢，或表明他们是你的朋友。

处理负面的关系

你身边有一些人可能会对你产生负面影响。他们可能是你在家里、学校、社区或网上遇到的任何人。他们可能是以前的朋友、那些你无法相处的老师，或者仅仅是那些似乎不喜欢你的人。

这些人可能会出于某些原因让你感到糟糕、害怕、不安，让你无法达到最佳状态。他们可能是你的同龄人，也可能是任何年龄的人。他们可能是故意这么做的，也可能是无意的。你们彼此很不一样，你们缺乏建立积极关系所需的“化学反应”。

虽然有些负面关系难以避免，但下面有一些办法可能会有一定的作用：

♥ **你不必费力维持破裂或受损的友谊。**结束友谊是痛苦的，但随着我们生活的变化与成长，这种情况很常见，也很自然。试着去接受它，尝试去理解这是自然发生的，并相信你将结交新朋友。尽量避免责备，无论是责备自己还是对方。向前看，承认你从这段关系里学到和得到的经验与收获，然后把这段已经结束的关系好好地安放在脑海中的某个角落，继续前进吧！

♥ **你不必容忍任何形式的虐待，无论是情感上的还是身体上的。**如果可以，请立刻让自己离开这种处境；如果你需要帮助，向一个值得信赖的成年人求助。因为每一种情况都有所不同，所以在这里给出一些具体的建议是不合适的，但老师和其他面向青少年的专业人士可以提供恰当的支持。如果你无法向他们倾诉，也可以联系那些专门帮助青少年的全国性慈善机构或组织。

♥ **一个经常让你感到自己很糟糕的人一定不是好的支持者。**朋友可能会提出一些具有建设性的批评意见，尽管它不一定让人愉快，但有时可能对我们有用。当然，没有人喜欢被批评，不过有些时候我们也不能完全不接受它。这不同于持续的打击和诋毁，那些不是好朋友会做的。当你感到不舒服的时候，也许可以问问他们为什么要这样做；或者你可能更愿意直接离开，结束这段友谊。他们可能是无意这样做的，但让你感到糟糕的人不属于你的支持网络。

♥ **如果带给你负面关系的是家里人，你可能需要一个**

值得信赖的成年人来帮助你战胜困难。兄弟姐妹和继兄弟姐妹之间的关系常常有冲突，可能因为性格冲突、竞争或对关爱与关注的需求不同。这可能不是任何人的错，一个明智的人可以帮助你找到解决的方法。

♥ **如果问题出在照顾你的一位成年人身上应该怎么办？**这种情况非常复杂，最好的建议是和另一位值得信任的成年人谈谈，他们可能会帮助你以不同的视角看待问题，找到改善情况的策略。青少年与成年人的冲突很常见，有时情绪会影响每个人的理性思考能力，导致你觉得父母等站在和你对立的立场。有时候，有些父母确实无法或不愿为孩子提供他们所需的支持。在这种情况下，寻求其他成年人的帮助是一个有效的开始。

有些人可能会说，学会处理负面关系肯定也会让我们变得更强大、更有韧性，我们难道不应该接受，并非所有人都会站在我们这边这个事实吗？的确，我们需要现实一点，承认并不是每个人都会站在我们这一边。我要强调的是，建立良好的人际关系非常重要，因为由良好关系组成的支持网络将成为帮助我们度过困难时期的强有力因素，帮助我们培养在生活中所需的心理韧性。事实上我们不得不与消极的人打交道，但没必要把他们迎接到我们的生活中，任由他们削弱我们！

在分歧中保持心理韧性

如何处理强烈的分歧和对立的观点，在当今经常充满竞争的环境中变得越来越重要，尤其是在网络上。社交媒体和传统媒体上的争论往往非常极端，人们采取了完全对立的立场，咄咄逼人，甚至对持不同观点的人表现出攻击性和威胁性。随后，这常常演变为一个人的支持网络与另一个人的支持网络之间的相互攻击，这让深陷其中的人们十分痛苦，压力重重。

我们强烈地反对这些大喊大叫和互相侮辱的行为。我们需要学习如何解释我们自己的观点和如何倾听他人的观点。以下是一些需要考虑的事项：

♥ 在大多数问题上，聪明和正直的人可能会持有不同的观点，这取决于他们自身的经历、世界观、好恶和政治立场。在这些事情上，我们有不同看法是完全正常的。有些观点比其他观点更容易被辩护；有些观点是基于仇恨、愤怒或心胸狭窄；另一些观点源于我们对自己所生活世界的不同解释和人们所经历的不同重要事件。

♥ 批评别人的观点和想法比批评他们本身更好。比如，批评某个人的性格或外表——被称为“人身攻击”（ad hominem），意思是“针对个人”。一旦出现了人身攻击，实际的论点通常就会消失在这些激烈的情绪和争吵之中。

♥ 倾听不同观点背后的理由，通常是有益且富有启发性的。这并不是要你听那些仇恨言论背后的“原因”，因为仇恨言论通常是情绪的表达，而非理性的思考。当有人提出与你不同的观点时，了解他们为什么会有这样的想法有助于你强化自己的观点。通常，当你真正倾听时，你会发现他们所说的并不是你最初认为的那样。倾听他们的想法也能帮助你检验自己的推理。

♥ 如果有人对你说了一些十分残忍或侮辱性的话，让你感觉受到了伤害，请记住，你的感觉是很重要的，也是合理的。这时候你的支持网络就能发挥作用了，它能帮你找到合适的回应方式，包括直接走开或者指出这个人此刻的所作所为不合理。适当的反应取决于具体的情况，不同的人会对如何处理不同情况，有不同的看法。这是深呼吸、思考和倾听朋友意见的时候了。

♥ 社交媒体几乎总是一个糟糕的争论或讨论严肃问题的地方！很多人没有了解起因便参与其中，然后很快地跳到结论，并且觉得自己在线上比面对面时更有胆量去说更粗鲁、更不经思考的话。事实上，这种现象被称为“网络去抑制效应（online disinhibition effect）”，指的是大多数人在网络互动时比面对面或电话交谈时更不小心、不体贴和容易失控。

♥ 和朋友有不同的意见是合理且正常的。有时，你们可以在某个特定的话题上接受不一致的看法，求同存异。当然，如果你们存在分歧的观点对你来说是非常原则性的，那么这可能是无法接受的，你有权离开这段关系。但如果你只与完全同意你一切观点的朋友交往，你的视野会变得狭隘。

培养对分歧的心理韧性会对你特别有帮助，因为这能够让你在某个你尊重的人与你持有不同的意见时，不把它当成对你个人的攻击。它将帮助你正确地看待有分歧的时刻和情况，而不是让它们把你拖进自我怀疑的深渊。你有能力以一种有力和理性的方式来处理分歧（如果你愿意的话），或者直接把这个问题抛在脑后而不纠缠其中。如果你自己的观点来自理性分析，而不是来自沮丧、压力或愤怒产生的情绪反应，那么它们就会更加强大有力。

当某人对你进行人身攻击或表达与你存在本质差异的观点，让你感到受伤、冒犯时，你有权利将被冒犯的感觉表达出来。这并不代表你缺乏心理韧性，因为韧性意味着拥有力量，以任何你认为正确的方式做出反应的力量，这些反应当然也包括离开或保持沉默，而不是被拖垮或感到软弱无力。这时，你最需要的是那些关心你、真诚、睿智的朋友，你要倾听他们的建议。

最好的支持网络是多样化的，从中你可以获取到许多不同的观点和经验，这将有助于你保持坚强、聪敏、灵活和智慧。这样的支持网络是由那些了解你、理解你、关心你的人组成的。即使他们不同意你的观点，他们也会对你表示尊重。

在你需要时寻求帮助

现在你已经从自己开始，确定了你的支持网络。这个支持网络将如何帮助你增强心理韧性呢？事实上，仅仅是知道那些支持你的人就在那里，他们站在你这边，已经非常好了。知道有一些真正关心你的人，知道他们会在你需要的时候回应你，这能为你提供巨大的心理力量。

你必须学会向他们寻求帮助。当你需要这样做时，这里有一些建议：

♥ **选择合适的人** 你可能已经有了感觉，知道在不同情况下谁能最好地帮助你。你会因为在学校的作业问题、友谊问题、考试焦虑或与疾病、家庭情况有关的焦虑，向不同的人求助。回顾一下你之前所做的活动。

♥ **选择正确的时机** 如果你向一个十分忙碌、压力过大或正为其他事情担心的人寻求帮助，对方可能难以很好地倾听并适当回应你。一般情况下，可以告诉他们你需要交谈，然后让他们选择合适的时机。

♥ **选择合适的渠道** 你有多种交流的方式可以选择，除了面对面，还有电子邮件、短信息、微信、手写信件或电话，每种方式都有自己的优缺点。面对面的方式有助于确认对方是否理解了我们说的内容，但也可能会有较大的压力；发短信是比较随意和简单的方式，但可能无法准确表达情绪；手写信件可以传达一些非常重要和有意义的信息，但可能会显得过于“严肃”和正式。

- **选择合适的地点**　当一个话题难以谈论或是让你感到焦虑时，在散步时或在车里讨论可能会更轻松些。因为你不需要和对方进行眼神的交流，也不需要填满每个沉默的瞬间。
- **选择合适的开场**　你可能需要提醒对方，你即将说一些非常重要的事情。“我有一个问题，需要你的帮助”，这样的开场白能提醒他们集中注意力，并认真对待。
- **选择合适的措辞**　找到合适的词来表达可能很困难，可以说“这真的是很难用语言来解释”，或者告诉他们你有一件尴尬或棘手的事情要讲。以这种方式进行对话，可以让对方在开始时多一些耐心，这不失为一个好主意。
- **选择合适的目标**　你期望对方能够倾听和共情，还是希望对方能够给你提出建议？还是你仅仅需要一些信息？对他人能做什么保持现实的期望是很重要的。通常，有一个人能够让你分享自己的想法或情绪，就已经是很有帮助的了。
- **考虑你是否在分享隐秘信息**　你需要清楚地表明这是秘密，也要意识到保守秘密是困难的，甚至有时是不可能的。例如，如果他们认为你（或其他人）处于危险之中，这个人就可能会将这件事情告诉别人。

记住，人们通常都愿意提供帮助，尤其当你找到了合适的支持者，他们肯定会提供帮助的。还要记住，即使他们乐意提供帮助，感谢他们仍然很重要。所以，无论他们给予你的支持或大或小，尽快表达感谢会是很好的做法。

在别人需要的时候帮助他们

你听过“你帮我挠背，我帮你搔痒”这句俗话吗？当你看到黑猩猩或其他类人猿坐在一起清理彼此毛发中的跳蚤时，它们不仅仅是为对方做好事，也是它们社交的一种方式。这种方式十分有用，不仅让整个群体保持清洁和健康，同时也建立起了彼此之间的纽带，促使它们在其他方面也能互相帮助。

社会纽带、友谊和工作关系是双向的：你帮助我，我帮助你。我们不必明说，通常不会有意识地想到这一点，但这是友谊和伙伴关系的运作方式：我们互相帮助，不仅仅是期待别人帮助我们。当然，我们也关心那些不能为我们提供帮助的人——婴儿、病人或是无法照顾自己的人等。我们并不是为了得到帮助而去做这件事情，不过，帮助别人确实也会让我们自己在今后需要的时候，通过支持网络获得帮助和支持。

在我在写这篇文章时，我们正在经历新冠肺炎疫情的封闭隔离，在友好的社区中，朋友和邻居们为彼此做了很多事情，互帮互助。我们每个人有不同的技能、机会、优势和需求。由于潜在的健康风险，一些人必须小心翼翼地保护自己，他们需要其他人为自己购物和跑腿，他们用言语和行为来表达自己内心的感激之情。没有人会去统计谁做了什么、谁做得更多，但很明显的是，每个人都在做自己力所能及的事情，尽可能地努力。有人不能提供帮助或付出，我们依然会愿意支持他们。有人明明可以帮助或给予，却从不做出任何表示，人们就可能会开始心生怨言，并选择把时间花在别人身上。连接我们之间的纽带会因此变得脆弱，甚至可能断裂。

这就是人类之间不言而喻、约定俗成的契约：我们互相帮助，这种连接感必须是双向的。

那家庭是怎么回事呢？这与非亲属的关系略有不同。你的父母、祖父母、叔叔伯伯、阿姨姑姑大多会站在你这边，成为你坚定的支持者，哪怕你不提供任何回报。然而，如果可能的话，为他们提供帮助也是一个好主意！这样可能会加强你们之间的联系，也会让他们在你需要时更容易抽出时间来帮助你。这会让你感觉良好。有时候，仅仅是保持联系，比如发消息、短信或写小卡片就足够了。写一封感谢信或询问某人过得怎么样，可能会带来很大的不同。

经历困难后重建你的网络

以上的所有建议都是为了在困难发生前和发生时建立你的支持网络，增强你的心理韧性。那么在困难发生之后呢？

假设你刚经历了一段和朋友相处不开心的时期，例如你正遭受焦虑、坏消息、考试压力、家庭烦恼或某种关系破裂，你可能在那段时间依赖了你支持网络中的某些人，而这些关系可能已经变得紧张，甚至也许其中有些关系已经不可挽回地破裂了。你可能觉得你没有得到自己所需要的支持，或者没有充分利用自己所拥有的资源。你如何再次为未来建立心理韧性呢？以下是一些建议：

1．想想你支持网络中的人是如何帮助你的。承认并意识到：能够有一个人可以和你建立联系、陪伴在你身边、为你提供支持，当你寻求帮助时，对方就会出现，这种感觉是多么重要。

2．如果有任何人需要你去感谢、表扬或承认他们的帮助，尽快去做。

3．如果某段友谊已经破裂，你不愿或无法修复它，那么试着放手，让这段关系结束并开启新的生活，转而结交有正能量的新朋友。如果你按照我说的这样做了，其他的一切问题都会迎刃而解或渐渐消失。

4．找到与朋友和家人共度愉快时光的方法，与任何你珍视的人以及让你有积极感受的人一起。这些愉快的时刻和经历将建立并强化你们之间的联系、创造快乐的回忆，并帮助你培养积极的心态。这些都会在增强你未来的心理韧性方面发挥重要作用。

反思与回顾

让我们重读一遍关于艾比、克里斯和西玛的故事。想想他们的支持网络可能是什么，以及他们是否能更好地利用自己的支持网络，或使支持网络变得更强大，从而让他们在未来不同的困难情境下具有更强的心理韧性。

你认为艾比的问题是什么呢？她能对这些问题做些什么呢？她的思维中存在什么错误吗？你对她有什么建议吗？她可以和谁聊聊？你认为她应该和比拉尔谈谈自己的感受吗？

你如何看待比拉尔和艾比不再是朋友这件事情呢？

克里斯的主要问题是什么？谁能成为他的支持网络的一部分？他能和谁聊聊？如果你是克里斯的朋友，你会对他说些什么？他应该怎么对待自己的哥哥呢？你觉得克里斯会没事吗？

由于西玛的身体状况不佳，她可能对周围的事情看得不太清楚。西玛需要一个值得信赖的成年人或朋友来帮助她寻求必要的治疗。这个成年人应该是谁？西玛的朋友们真的嫉妒她吗？她的朋友们应该做些什么来帮助她呢？她有一个良好的支持网络吗？

如果你认识的人正经历类似的挑战，或者你自己也在面对这些问题，你会如何建议他们呢？

在附录中，你可以看到我对这些问题的个人思考与回答。

总　结

你的支持网络是让你保持坚强和在困难时获得支持的宝贵资源。看见并感激自己的支持网络，会帮助你建立更好的心理韧性。大部分时候，我们不需要刻意去发展朋友和建立联系，我们只需要遵循我们自己的本能，花时间与我们喜欢和信任的人交流。即使是那些喜欢独处的人，有时也想和另一个人待在一起，或是聊聊天，我们有这样的想法是很合理的。

但有时我们需要在自己不太愿意或情况不佳时，付出一些额外的努力来社交。在这种情况下，思考谁是我们真正的朋友和支持者是很有意义的，这样我们就可以知道如何与这些支持者保持联系、加固纽带。

记住，你不必在任何事情上都和你的朋友或家人达成一致，但最有可能的是，你会与那些在价值观和信仰上与你相似的人成为最坚定的朋友。当你和关心自己的人交谈时，你最好的心理韧性就会显现出来，并且变得更坚强，像树木一样，在风雨中弯曲、摇摆，并一起成长。

建立你的支持网络的最佳技巧

1. 不要计较朋友的数量：人数并不重要。关键是思考谁是你可以依靠的人，并确保他们也能依靠你。
2. 好的友谊需要时间和努力。抽出时间给你的朋友，听他们说话或和他们一起出去玩。当你无法做到的时候，记得寻找下一次和朋友一起共度时光的好机会。
3. 在你认为合适的时候记得使用“请”“谢谢”“对不起”“干得好”和“我在这里陪着你”等言词。也要记得对自己使用这些，不要忘记表达对自己的支持。
4. 相比于滔滔不绝地说自己的事，更多的时候要注意倾听。
5. 当有机会结识新朋友或更好地了解现有的熟人时，抓住这个机会，你永远无法预知这会带来什么样的惊喜。

♥ 日记时间

你当然可以在日记里写任何东西，包括所有的实践活动，这里还可以有一些提示内容：

1. 你从本章中学到的三件事。

2. 列出那些你认为会站在你这边、会尽力帮你的人，包括与你年龄相仿的人和成年人。

3. 你是否能够感同身受本章中的某个虚构人物的故事？

4. 读完这一章后，你会尝试做些不同的事情吗？

5. 最近有朋友帮助过或者温暖友善地对待过你吗？如果有的话，把这件事写下来吧。

6. 给自己写一封简短的支持信。

我的日记

我的日记

chapter 3

第三章

培养你的技能

这对培养心理韧性有何帮助

培养技能是提升心理韧性的重要组成部分，具体表现在以下两方面：

第一，当你发现自己可以通过练习来学习和提高相关技能时，你就可以运用这种认知来帮助自己在遇到困难或遭遇失败时重新振作起来。

第二，培养任何类型的技能都能增强你的自信，自信是心理韧性的一个重要组成部分。

我本可以把这一章命名为“培养你的自信”，但自信来自技能的培养和确认。通过发展技能，你就能增强你的心理韧性。有些人称之为“掌握”——能够掌控某件事。当你对一个话题了解很多时，你就可以掌握它；或者说，当你对一项技能进行了足够多的练习以至于能轻松完成它时，你就掌握了这项技能。

青少年的案例

以下例子中的青少年都在同一个班级里，他们刚开始学习法语。上了几节课后，老师准备让他们回答自己提出的一些问题，并用大声朗读的方式来测试他们的学习成绩。如果他们在测试中表现不佳或遇到困难，他们的心理韧性怎么样呢？他们对一次小挫折的反应，会预示其应对更大困难时的应对方式。

埃迪和他妈妈及妈妈的新伴侣住在一起，他们总是鼓励并表扬他。他很喜欢这样——谁不喜欢呢？埃迪是三个兄弟姐妹中的老大，他已经习惯于第一个做事情，并且比弟弟妹妹做得更好。这也让他自我感觉良好。在小学时，埃迪总是被表扬，他妈妈总是会提起那些他擅长的事情。然而，今年的课程变得更难了，他朋友法尔丁经常比他表现得更好。埃迪确信，当法尔丁得奖而他没得奖时，他看到了妈妈眼中的失望。所以，难道他的技能在退步？难道归根到底他就是很差劲？

法尔丁和萨迪娅是双胞胎，但他们却截然不同。萨迪娅很自信，似乎并不在意自己做得好不好；她很乐意尝试一些事情，即使失败了或者觉得很难，她也会表现得很高兴。她总是轻描淡写地应对，有时甚至愉快地自嘲。事实上，这都是一种防御机制：她内心认为自己除了引人发笑之外一无是处。她的父母告诉她不要做这样的“小丑”，但这并没有让她停下来，反而更加坚定了她对自我形象的认同。

法尔丁非常讨厌自己无法在第一次尝试时就做得完美，他会自惭形秽，感到尴尬和无用。别人都说他很聪明，在学校表现也很好，但除非他是班里的第一名，否则对他来说永远都不够好。他和埃迪是好朋友，但最近他们常常因为法尔丁表现优于埃迪而争吵。法尔丁的父母告诉他：“你是个聪明的孩子，法尔丁，也许你尝试做一些和埃迪不同的事情会更好。你可能会发现自己在其他方面也很擅长。”

玛蒂和她的爸爸一样有读写障碍。这意味着她在一些事情上会很吃力，尤其是涉及朗读或书写时。以前，当她看到朋友们能够很轻易地阅读和拼写时，她非常沮丧。不过，她对听过的东西有很强的记忆力。她的爸爸鼓励她利用好这个优点，他们会一起花时间学习一些事情——比如各国首都或者历任美国总统的任期。去年，她遇到了一位很好的辅导老师，这位老师教她如何改进让她感到困难的地方。每隔一段时间，老师都会对她的阅读能力进行测量，玛蒂有非常明显的进步。她有时还是会在不得不大声朗读时感到很难受，但现在大家已经不再取笑她了。

老师表面上了解这些学生，但她不知道他们心里在想些什么。他们不同的生活经历、家庭环境和个性已经在一定程度上塑造了他们的思维方式，她不知道这堂课会产生什么样的效果。

课程开始了。这次课程比他们所有人预期的都要难得多！当轮到埃迪时，他大脑一片空白，连说一个简单的单词都磕磕绊绊。他觉得自己的脸都红了。老师让其他人替他回答，这让他觉得自己很失败，但也同时很庆幸自己不再是众人瞩目的焦点了。萨迪娅也犯了一个错误，她熟练地开始自嘲，虽然她其实正在内心诅咒自己："又搞砸了，萨迪娅！"法尔丁知道自己不可能答对，他只想着尽快回答，根本没有听清老师说了什么。玛蒂做得很好，她记住了答案，这其实是做这个练习的最佳技巧。她并没有为此感到高兴，反而自言自语："幸好我不用写下来，如果要写下来，我就不及格了。"她在心里默默记下，要让爸爸或者辅导老师帮她练习写作，又自言自语："不，等等，我可以自己写。我要做的就是好好练习，我知道该怎么做。"

所有这些学生都认为这次考试很难。他们都因此对自己失去了自信。玛蒂随即又重新找回了自信，但其他人既没有认识到他们所使用的技能，也没有享受到挑战的乐趣。只有玛蒂记得，学习需要毅力，学习是一个一步一步开始、又一步一步前进的旅程。她知道自己已经培养了良好的记忆力，她也运用了这一点。

玛蒂以两种不同的方式展示了她的心理韧性：首先，她从最初的困难和失败中恢复过来，能够继续学习和尝试；其次，她继续培养自己的各种能力和素养，这让她感觉很好，也为成功做好了准备。

所有这些特质都能帮助青少年们向前迈进，并成为更强大的人。如果他们能变得像玛蒂一样（懂得通过练习来提升能力以及掌握尽可能多的技能），他们就可以增强心理韧性，从而应对可能发生在他们身上的负面事件。他们的自尊都取决于别人对他们的看法，不幸的是，生活中的一些成年人无意中促成了这种局面。他们需要的是更强大的自信，这样才能将任何挫折视为下一次表现更好的机会。但也只有当他们相信自己的潜力时，这些才会发生。如果认为自己做不到，他们就不会想去尝试。如果相信自己能在某件事情上做得更好，他们就会勇于尝试。他们会变得对失败有更强的耐受性，因为他们相信自己能够获得成功。

如果你对这些感受和想法很有共鸣，那现在就是时候审视一下你的能力以及你对这些能力的看法了。应该评估一下你的自信心，就是那种你应该拥有的对自己的自信心，也就是那种尽管有学习障碍但还表现出来的自信心。对自己成功的能力充满信心能帮助你在遇到困难时保持韧性，这既适用于相对较小的阻碍，例如考试，也适用于你将面临的更大的挑战。

自信、自尊与赞扬

前文谈到了自信和自尊之间的区别，因此你应该知道，尽管它们非常相似，但自信是更有价值的。本章对于培养自信和自尊，从而能够在面临挑战和挫折时更有韧性，是非常重要的。自信和真正的自尊来自对能力的培养，这远比被赞扬更有意义。

问题是，太多的人认为，增强某个人的自尊或自信的方法就是不断地赞美他们，告诉他们有擅长的事，宽慰他们，向他们保证他们可以成为任何想成为的人、做任何想做的事、以任何他们选择的方式取得成功。所有这些“鼓舞人心”的说法，比如“只要你有足够大的梦想，你就能做到任何事”，表面上听起来都很好。虽然你会觉得这很鼓舞人心，很有力量，但事实并不总是如此。有几点会导致这些信息不起作用，有时甚至会产生相反的效果：

- 很多时候，这些说法来自我们的父母或是支持我们的老师，我们可能不会完全相信他们，因为我们会想：“嗯，他们都会这么说的。他们这么说只是为了让我感觉更好。”

♥ 这些说法往往是在我们实际上并没有做得特别好的时候出现的。特别是在我们小的时候，我们经常被告知自己做得非常好，实际上我们可以亲眼看到自己做得并不好。孩子们不会那么容易被欺骗！是的，被宽慰是件令人愉快的事，但是，如果我们做得不好却受到表扬，这会误导我们在真正做得好的时候不相信赞扬。

♥ 只要尝试，你就能成为任何你想要的人，或实现你设定的任何目标——这显然是不真实的。当我们听到这种说法时，我们心里就知道这不是真的。每说一次虚幻的目标，都会加深我们的不信任感。

♥ 我们可能会听到这样的说法：只要我们努力，就能实现想要的目标。但这并不完全正确。成功还包含很多其他因素：传授和学习正确的技能或讯息、有效地倾听和练习、运气。

如果我们无论做什么都能得到表扬，而不是只有当我们真正表现出色或努力工作时才有表扬，通过这种方式建立起来的自尊，虽然当时让人感觉很好，其实是脆弱的。如果人们想要以一种真正有助于自尊并有建设性的方式赞扬我们，他们就需要赞扬我们确实做得很好的事情。也许是我们仔细准备了，也许是我们努力尝试了，也许是我们面对非常困难的情境还是继续坚持了，也许是我们克服了紧张等等。如果是这样，人们就应该表扬这些事情，而不只是简单地说“你做得非常好”。

当然，当一个人刚刚开始学习某项知识时，他不应被期望像已经学习了一段时间的人那样成功。即使初学者做得不如专业的人好，他们也需要表扬。对钢琴新手说的“太棒了”和对训练有素的演奏者说的“太棒了”是不同的。在每种情况下，赞扬都必须是真诚和真实的，否则人们就不会觉得自己配得上这些赞扬。只有当感觉赞美是实至名归的，我们的自尊才会真正提高。

为了建立自信和自尊，我们需要的是技能：掌握科学知识、信息或技术，当完全掌握它们时，我们就会获得自尊。这种自尊来自我们的内心，而不是他人。如此一来，当别人说“你做得很好”时，你就知道自己确实做得很好，因为你认真听讲、努力学习、勤于练习、勇敢行动。这都是你自己实现的。

擅长某件事比仅仅被告知“你很棒”会给人更多的信心和自豪感。自信则会帮助你保持心理韧性，就是那种相信你能够生存并茁壮成长的自信。

本章主要意在说明，要培养很多技能，你才能真正为自己感到高兴，而不是依赖于他人说“干得好”来获取自我价值。通过对自己的优势更有自信，你会在面对困难时拥有更强的韧性。

培养成长型思维

你可能听说过成长型思维，因为这是现在大多数教师都热衷于鼓励学生采用的思维模式。“思维模式”（mindset）的意思是“一种潜在的思维方式”，而“成长型思维”（growth mindset）和“固定型思维”（fixed mindset）都是由心理学家卡罗尔·德韦克（Carol Dweck）提出的。

简而言之，两者的区别在于：

如果拥有成长型思维，你就会倾向于认为，人们在某件事情上表现出色，是因为他们通过例如良好的教学、努力工作与实践以及毅力等方式提高了自己的技能。

如果采用的是固定型思维，你就会倾向于认为，人们之所以擅长某件事情，主要是因为运气好、与生俱来的天赋、基因遗传等。

很多人都说他们赞同成长型思维的方法，因为我们都有通过学习和练习在某方面变得更好的经历。我们可能也都有过这样的经历：我们发现某件事困难重重并且感觉它并不可能是我们擅长的事情。你可能会列出自己“擅长”和“不擅长”的事情，而且会觉得试图改进某些“弱点”是浪费时间。

我们中的许多人都处于成长型思维和固定型思维之间，最好的办法是尽可能多地采用成长型思维。当譬如“我做不到”这样的想法出现时，我们需要用“我现在觉得这很难，但我可以采取一些措施来更好地掌握它。我只需要找到这些方法并好好练习”来替换这个想法。

拥有成长型思维会提高你的心理韧性。当失败发生时，你会相信自己最终会成功；当看似困难的挑战来临时，你知道自己可以找到一些方法来使自己变得足够强大，直到能够克服它；当任何事情出错时，你会知道只要足够有毅力，你就能变得更强大。

事实上，毅力与韧性本身就非常接近。

这里有一些加强成长型思维能力的方法。

了解大脑是如何学习的

每个婴儿出生时都拥有大约 850 亿到 1000 亿个被称为神经元的脑细胞。这与你现在拥有的数量差不多。为什么新生儿几乎什么都不会做？这主要的原因就是婴儿的神经元没有连接起来。而你通过建立了数十亿的连接，能够做到许多你在婴儿时期无法做到的事情。

当你做以下这些事情时，连接就建立了起来：

♥ **练习和尝试** 当你反复尝试某件事的时候，新的连接就会增加，旧的连接就会变得更牢固。当这种情况发生时，你就会变得更好。

♥ **观察他人** 我们观察他人做某事时，神经元会活跃，将来我们在尝试相同事情时，那些相同的神经元会再度活跃起来。当我们开始尝试时，连接已经开始形成了。

- **休息**　当我们一直在尝试做某件事情，然后休息一下时，连接会继续发展。一些研究表明，通过体育锻炼来中断脑力活动的方式特别有用。
- **睡眠**　连接在睡眠中也同样会建立！如果我们白天一直在努力工作或尝试，甚至与某件事情进行斗争，我们熟睡的大脑会回顾这些行为，帮助我们建立和整理这些连接。

明白了这一点，当你对自己做某事的能力感到有一点消极时，你就可以提醒自己：大脑是通过练习逐渐学习的，你的努力会让你变得更好。由此，当你遇到困难或犯错误时，你就会对这些困难和失败产生心理韧性，因为你相信自己能够进步。

设定切实且乐观的目标

如果你给自己设定太难的目标，就可能会出现问题。在高低不同的目标之间取得平衡非常重要。目标不能过高，这样会无法实现；目标也不能过低，这会让你失去成就感。因此，目标既要切实，又要乐观，只要你采取正确的措施，你就能不断进步。

目标应该始终是：

- 具体的，而非模糊的。
- 可衡量的，这样你才可以知道自己何时实现了目标。
- 切实的，而非不可能的。

一个符合这些标准的目标应该是“我每周要练习钢琴 5

次，每次 40 分钟”。一个不太切实可行的目标是“我要更多地练习钢琴”（太模糊并且难以衡量）或“我要每天练习 2 小时”（对大多数人来说不现实）。

有些目标是立竿见影的，比如“我要在下午茶前练习钢琴一个小时”。另一些目标更为长远，比如“我要在离开学校前通过钢琴七级考试”。

长期目标需要分解成更小的步骤。如果你才刚刚通过一级，而你只有等到通过七级后才能感到成功，你可能就会在一开始的时候感到沮丧。因此，可以增加早期目标，比如你何时通过二级或四级等等，然后分解出达到这些目标的步骤。每次有效的练习都是你实现短期目标的一个步骤，短期目标是实现长期目标的基础。

有时，长期目标看起来会让人望而却步。请记住，千里之行，始于足下，只要你坚持不懈地努力并且迈出正确的步伐，你就能逐渐实现你的目标。你不可能在两周后成为一名出色的篮球运动员、作家或音乐家，但你可以成为比现在更好的人。

你不必有很明确的长期目标。专注于未来几天或几周也完全没问题。当事情对你来说非常困难时，专注于短期目标是一个可以让你脚踏实地地朝着正确的方向前进的重要策略。在第六章中，我将多谈一点如何借助一些合理的长期目标来增强你的心理韧性。

同样重要的是要认识到：你不可能样样精通，没有人是这样的。我知道有些人看起来似乎样样精通，如果我们花很多时间与这样的人在一起，可能会感觉非常受挫。但你看到的并不是全貌，你看到他们在学业和体育方面取得的成绩，却看不到他们其实也有不擅长的事情。

如果只需要练习和努力，为什么我们不能做到样样精通呢？因为没有人每天有足够的时间去练习所有的事情从而面面俱到！正如你将在后文中了解到的那样，享受多种活动是健康的，但目标不应该是要在所有活动中都出类拔萃，那根本不可能。因此，不要为此而苛责自己。一定要考虑下面这一点。

要有勇气——敢于承担失败的风险

固定型思维会让人只尝试自己认为会成功的事情。“我不擅长艺术，我不会去尝试画一幅画，因为画出来的肯定是垃圾。”有人如是说。“擅长艺术”是需要练习的，没有人第一次尝试就能画得很好。每个艺术家都花了成百上千个小时来进行艺术创作，换句话说，就是在练习。任何事都是如此：唱歌、烹饪、建筑、学外语。你尝试一些完全不擅长的事，这就意味着要在一段时间内接受“失败”的体验。

但这不是失败！这是学习的必经之路，只是我们暂时还不是专家而已。当我们以合适的态度接受“失败”可以带来“成功”这个事实时，我们就具备了心理韧性。

如果自信意味着你只做自己擅长的事情，这样的自信是没有用的。那只是一种安全感、一种自满情绪。真正有用的自信是你相信自己能够尝试某些事情，无论结果如何，都能去面对并从中学习。自信是相信自己有成功的潜力，而不是完全相信自己这次一定会成功。

因此，你在学习中要敢于冒险，尝试那些你不确定能否马上成功的事情，但你相信自己可以逐渐成功并因此受益。我们相信自己有能力尝试并从中学习，这就是心理韧性。

认识到自己已经学到了多少

不管出于什么原因，当我们在生活中遇到挫折时，很容易觉得一切都太难了，我们永远无法克服困难，每个人都比我们做得更好。

如果你现在正有这样的感觉，或偶然会有这样的感觉，请你花几分钟时间想一想已经从生活中学到的东西。然后想想你有多年轻，在某些事情上你却比成年人懂得更多。再看看小孩子们在尝试做什么，你能比他们做得好很多。这些都是你靠自己的学习获得的。

珍视你的性格优势，就像珍视你学到的实际技能和知识一样。性格优势也是某种技能，它们不同于阅读、写作、数学计算、体育或乐器演奏、唱歌、编织、烘焙。它们是指毅力、仁慈、善于发现美的特质、对他人的理解与共情、团队合作的能力等。你可以在下文中找到更多关于它们的内容。这些也是你可以培养并提升的部分。

找到最好的教学方式

要想在某件事情上做得更好，需要的不仅仅是重复的练习。我们可能会一遍又一遍地练习，却发现我们并没有变得更好。是哪里出了问题呢？很可能是以下两种情况之一：我们需要不同的练习方式；我们需要一些更好或不同的教学方式。或者两者兼而有之！

教学并不简单。有时，教师没有找到正确的方法去解释事物；有时，学习者还没有准备好学习（也许是因为他们首先需要一些更基本的信息）。例如，老师可能会非常清楚地解释了一个数学概念，数学基础较弱的学生可能无法理解，已经具备一定数学基础的学生则可以理解。老师很难总是清楚地分辨出谁已经掌握、谁还没准备好进入下一个环节。一个学生也可能因为疲惫、苦恼、愤怒、心事重重或身体不适等而听不进去。

当你不理解老师所教的内容时，告知老师是非常重要的。对老师而言，倾听学生的困扰，接受学生们有不同的学习进度，然后积极地提供帮助是非常重要的。不过在现实生活中，这有时很难实现，原因有很多：个性冲突、情绪低落、学生或老师正遇到困难。

在合适的时机寻求帮助

选择合适的时机向老师（或任何成年人）寻求帮助是非常重要的。以下是一些温馨提示：

1. 如果你没有听清楚，当场就直接问："请你再重复一遍可以吗?"我知道这可能很难，如果你能够做到这一点的话，可能会带来很好的回馈。我相信可能不止你一个人没听清楚，你能够提出来，对其他人也会有所帮助。

2. 如果第一次听不懂，不要惊慌。深吸一口气，并且告诉自己："你会明白的。"你可以试着自己解决，如果还是不行，请看下一点。

3. 选择一个老师不太忙的时间，试着判断一下，你的问题是需要一点时间还是很多时间来探讨。如果是能快速解决的问题，直接在课程结束后提出"请问我可以问您这个问题吗?"就很好。如果是其他比较耗时的问题，可以试试说："我在这个问题上遇到了困难——什么时候请教您比较合适呢?"

4. 请记住，老师也是有个人生活的人，除了你的问题之外，他们可能还有很多事情要处理。这并不意味着你不应该向他们提问，他们的工作就是尽其所能帮助你。但在如何提问和何时提问上，一定要考虑周到、选择明智。经常出现的情况是，如果老师没有立即回复邮件，有学生会认为老师不关心自己，但老师有很多学生需要帮助，还有自己的家庭和个人生活。教师本不应该把自己的个人或家庭时间花在工作上，尽管他们经常这样做。因此，不要害怕提出要求，但你对老师的期望值一定要合理。

为自己的技能建立证据

当我们有某件事情的证明或证据时，我们会更愿意去相信它。正如我之前已经讨论过的，即使是了解我们的人给予的赞扬，也未必会让人觉得是充分的证据。当然，别人赞扬我们，我们会感到高兴，赞扬对建立自尊很有帮助。但是，它给人的感觉不够真实，我们会隐隐约约地怀疑：这个人只是想让我们感觉更好，或者他们不得不这样做。

有两种形式的证据可以向我们证明我们确实拥有技能或优势，并且有成功的潜力。这些证据让我们确信，即使这次失败了，我们下次也能成功，从而增强我们的心理韧性。

一种是客观的——来自我们头脑之外的东西，即实物证据。另一种是主观的——经过理智思考后，在我们头脑中产生的东西。

客观的肯定

这可能包括证书、奖牌和奖品。也许你已经通过了一项乐器考试，或者你游泳已经能够游到特定的距离。

这还包括其他可能没有证书或奖品，但你知道你曾取得的实绩：你在话剧中表演过，在合唱团中演唱过，你的艺术作品被展出过，你的故事被朗读过。你是否认为自己做得很好并不重要，重要的是你做到了。这些都是你曾经有过的经历，它们将帮助你提升技能、自信，加深对自我的认识。

实践小活动

以下是一些你可能做过的事情，请把符合你情况的事情记录下来。同时，也请你用这样的思路想想有没有其他的事情。然后制作一张海报，把你自己放在中间的位置，周围用图画或文字来表示出你获得的成绩。

运动——你参加过哪些运动或活动？参与过什么运动队吗？你能游多远？你更擅长短跑还是长跑？你能做 30 个深蹲吗？

音乐——你演奏过什么乐器？演奏了多长时间？你当众演奏过吗？参加过考试吗？

唱歌——你在合唱团或小组唱过歌吗？你享受表演吗？

跳舞——你喜欢自创舞蹈吗？（如果你喜欢某件事情，你就可能擅长它！）在学校表演过吗？

戏剧——你是否参加过试镜？参加过学校或班级的话剧演出吗？

表演——你有没有任何其他的表演经历，比如公开演讲？

美术——你的作品有没有参加过展览？你能创作哪些不同风格的作品？有什么让你感到自豪的吗？

功课——你获得过什么证书或奖项吗？你的作文是否在课堂上被朗读过？你最擅长的科目是什么？你对哪些知识点理解得特别透彻？你能按时完成作业吗？你上课认真听讲吗？知道答案时，你会举手回答吗？

其他事情——为慈善机构筹款，组织一个活动，负责过相关事情，为别人制造一个惊喜，有一个令人喜欢的创意，知道世界上所有国家的首都，处理过简单的疾病或伤口，帮助过别人，拨打过紧急服务电话，化解过友谊中的矛盾。

主观的肯定

这需要你真诚地思考你一生中的所有经历和成就，认识到你在其中培养的技能。

例如，假设你参加了学校或班级的话剧演出，无论你的角色是在台前还是幕后，你都学到了一些东西——团队合作、领导能力、支持他人、提前规划、创造力、保持冷静、应对压力。

假设你参加了一次学校组织的旅行，并在外过夜。你在那次旅行中也学到了一些东西——建立了新的友谊、克服了恐惧、没有太想家或虽然非常想家但依然处理好了情绪、喜出望外地享受这次旅行。当然了，还有团队合作、筹备计划、参与融入和帮助他人的能力。

培养自己的最佳特质

很多时候，当我们谈论技能或特长时，我们想到的都是通过考试、证书和比赛来衡量的东西：拼写、数学、运动、美术、音乐，以及你在学校学习的任何其他科目，还有一些你可能在校外学习的科目（戏剧、烹饪或者攀岩等）。

但要成为一个成功的人所需要的特质还远远不止这些！还应该包括那些让你成为你自己的价值观。它们都值得被注意、欣赏并努力建立起来。就像其他技能一样，如果我们在日常生活中经常练习，它们就会变得越来越好。

这些特点有：

- 慷慨、乐于助人、仁慈——善待他人。
- 有毅力、不屈不挠、有勇气——不轻易放弃。
- 有团队精神、善于倾听、乐于分享、有领导力——善于与他人合作。
- 有好奇心、求知欲——积累知识和专长。
- 心胸开阔、宽容——欣赏与你不同的人。
- 具有勇气和放手一搏的决心——在成功之前做好失败的准备。
- 有创造力——善于以不同的方式独立思考。
- 共情和直觉——意识到人们有不同的感受，有时候这些感受是隐藏起来的。

你觉得哪些是你最突出的特质？认识到这些特质将有

助于增强你的自信，还能帮助到你的交友、工作甚至整个人生。一旦你认识到它们，你就会有动力想方设法继续发扬它们。

衡量个人优势的最佳方法是使用马丁·塞利格曼（Martin Seligman）博士开发的“24 种性格优势”（character strengths）量表。马丁·塞利格曼博士通常被称为“积极心理学之父”，他和同事们识别了具体的性格优势，并开发了衡量和培养这些特质的方法，以帮助我们提升幸福感，过上更积极的生活。

实践小活动

1. 在网络上检索“24 种性格优势”量表，从中挑选出你认为自己最强的三到四项特质。制作一张海报，或者在你的笔记本中写下这些特质，标题就是“我最好的特质”。你还可以根据你的情况，对这些特质做必要的解释和补充。

2. 你希望提升哪一项特质？你可以通过哪些实际行动来培养它呢？举例来说，如果你认为自己创造力不足，那就从收集你认为具有视觉吸引力的事物开始。你的行动可以是：去艺术画廊；创建一个照片分享版块；在图书馆借一本关于某位艺术家或某种类型艺术的书。了解自己喜欢什么，是创造的第一步。

现在，你有很多证据可以证明你所取得的成就、拥有的技能和优势。花点时间为你所取得的成就和你所能做的一切感到自豪吧！这些技能和优势将帮助你对自己充满信心，在你遇到挑战时使你更有韧性。你会提醒自己，虽然发生了某件坏事，但你已经取得了很多成就。

当你取得某项成就时，没有人可以夺走它。你让它成了你的一部分，真正地拥有它。

调动你所有的脑细胞

我说过，我们每天没有足够的时间把每件事都练到很高的水平，没有人可以对任何事都样样精通，但我们还是可以尝试各种各样的活动来开发自己大脑的各个部分。这样做有几个好处：

1. 我们有机会找到那些我们可能从未发现自己所具备的技能或乐趣。

2. 多样性的活动可以让生活更有意思。

3. 从做作业的时间里抽空来做运动或是其他事情，还能反过来促进我们的大脑更好地加工与学习有关的信息。

4. 不同技能之间其实是有交叉的。例如，体育运动不仅需要身体技能，还需要团队精神、勇气、敏感性等等。因此，某一项活动其实可以提高你在其他方面的能力。

每项活动都会使用大脑的不同区域。大脑是遵循“用进废退”原则运作的，这意味着我们不使用的大脑区域将会失去更多的神经连接，而我们使用最多的区域将会拥有最强大的连接。

结论很简简单：多多尝试不同的活动吧！

实践小活动

写下你上周做了哪些事情：

- 读了一本感兴趣的课外书
- 画画、涂鸦或创作了其他艺术作品
- 写了一些有创意的东西——诗歌、信件或故事
- 烘焙或烹饪
- 参与了团队性的体育运动
- 锻炼身体
- 跳舞
- 演奏乐器
- 唱歌
- 听音乐
- 做白日梦
- 打字
- 编织或缝纫
- 制作手工
- 解决问题

- 计划某事
- 用一小时全神贯注做一件事
- 另辟蹊径，从一个地方走到另一个地方
- 骑自行车或滑板车
- 表演或演讲
- 学习新的数学题

你可以为参加过的各种活动感到骄傲，每一项活动都帮助你提升了技能。你的技能和成就感让你自信，让你增强心理韧性。

你很少参加体育、音乐等活动吗？你能做些调整来增加你的参与度吗？

学习新事物不仅能够培养不同的技能，还能提升自信心。这对增强我们的心理韧性非常有帮助！

在经历低谷后重塑你的技能

本章一直在讨论如何培养你的技能，以便你在困难时期拥有足够的韧性来帮助你走出困境。而在发生糟糕的事情之后，你还可以采取一些行动来恢复自己的状态。

我的建议是问你自己几个小问题：

1. 这件坏事的发生是因为我缺乏技能、知识或经验吗？如果是，我能否改进这些技能、知识或经验？换句话说，我是否可以做一些实际的事情来降低这件坏事再次发生的可能性？如果这与我的技能无关，那我可以放轻松了！

2. 如果这件坏事让我觉得自己不够好，我能不能暂时把注意力集中在我的优势上？即使有一件事出了差错，我还是能更多地发现自己其实很擅长某些事情。

3. 这是不是一个尝试新事物的机会？这可能会给我带来自信和能量的提升，同时也可能为我带来一项新的潜在优势和技能。这还可以帮助我暂时转移注意力，不再过多关注刚刚发生的不愉快事情。

反思与回顾

请回顾一下埃迪、法尔丁、萨迪娅和玛蒂的故事。你是否在某些方面与他们有相同的感受？现在，你对自信和培养技能的重要性已有了更多了解，你会给逆境中的他们什么建议？你是否会对自己说一段话或做一件特别的事来帮助自己培养技能增强自信呢？

总 结

自信源于你知道自己掌握的技能，知道自己已经能做一些事情，也知道自己可以学到更多。一旦取得了某些成就，你就知道自己还能取得其他成就。一旦从不知道或不会做某事转变为能够做，你就能拥有成长型思维，就会明白我们是在培养和获取技能，而不是天生就拥有这些能力或靠好运气成功的。

一旦你有了自信的开端，你就有了韧性的基础。当你看到自己有能力的真凭实据，而不仅仅是父母或老师说“做得好”，你的信心就会更强。当你能对自己说“做得好”时，你的心理韧性也会更加稳固。

培养自己技能的最佳技巧

1. 不断提醒自己：大脑是通过尝试和实践来学习一切的。我们不是天生会走路的，而是通过一次次努力、一次次跌倒，一步步学会的。
2. 不要试图在每件事上都做到出类拔萃。挑选你喜欢的、吸引你的、你认为对你有帮助的事情去做。
3. 承认并认可自己的每一个进步和成就。就像你不会等到一个婴儿完美地学会走路后才对他说“干得好”，不要等到你完美掌握某项技能后才表扬自己。每一次小小的进步都值得肯定。
4. 看看你成功的证据。把证书钉在你卧室的墙上，列出你通过的考试或掌握的技能。任何时候，只要你做了值得骄傲的事情，就把它写下来，贴在你需要被提醒时就能够看到的地方。特别要注意那些你喜欢并且做起来很享受的事情，这些通常是你在某些方面取得成功的线索。
5. 勇敢尝试新事物。每个学期或每个月尝试一项新活动。即使没有立刻成功，也不要气馁；当你勇敢地坚持下去时，要为自己感到自豪。只有通过尝试，你才能给自己成功和进步的机会。

♥ 日记时间

以下是一些你可以在日记中写下的事情：

1. 阅读完本章后，你能够记得的两三件事。

2. 对于本章开头的任何一个人物的故事，你是否认同，或有相同的感受？

3. 你明天、本周以及本学期的目标。

4. 你最希望在哪件事上变得更好？你可以采取哪些方法来实现这个目标？你能把这个目标转化为一个切实可行的方法吗？

5. 回顾前文有关特质的内容：你之前写下了你认为最好的优点。现在，请写一个例子，说明你是如何使用或证明这个优点的。

我的日记

我的日记

chapter
第四章 4

建立积极的应对策略

这对培养心理韧性有什么帮助？

有时候，困难的时光和负面的情绪可能会削弱我们的力量，把我们拖垮。如果我们使用正确的策略，我们就会感觉更强大，更有能力应对接下来出现的任何问题，心理韧性就是我们最重要的应对策略和工具之一。

我们会本能地做些事情来缓解痛苦，你可能已经在不经意间使用了一些应对策略，但有些应对方式并不健康。它们当时可能让你感觉好一些，但它们并不是有益的策略。如果你使用了积极的策略，你的心理韧性就会得到增强，使用消极的策略则不然。本章的重点就是教你如何区分这些策略，并努力运用积极的应对方法。

青少年的案例

我们来看几个青少年案例，看他们是如何应对痛苦或困难的。你可能会注意到，他们中的一些人并没有使用积极的应对策略。

娜奥米是一名才华横溢的体操运动员，这几年在比赛中获得了几枚奖牌。大约三个月前，她感觉不舒服，连续两次比赛的成绩都不太好。她的教练告诉她不用担心，说她会找回状态的。娜奥米对这些“失败”感到非常沮丧，她认为自己已经失去了优势。她觉得自己的身体正发生着变化，再也不能像从前那样了。随着另一场比赛日期的临近，她越来越紧张。“幸运”的是，在比赛当天早晨，她感到有点喉咙痛，于是告诉妈妈自己感觉不太舒服，不适合参赛。下次比赛时也发生了类似的事情，娜奥米醒来后头痛。她准备去参加比赛，但脸色苍白，她妈妈说她不应该去。其实，娜奥米的喉咙痛和头痛很快就好了，她有些愧疚，但也松了一口气，因为不用参加比赛了。接下来还有另一场比赛，娜奥米可能又会找借口逃避。

奥利是一个健康、活泼的15岁孩子，无论是在课堂上还是在大多数体育运动中，他都表现出色。他是全年级顶尖的游泳运动员和长跑运动员。但他很担心自己的父母，他们的工作压力很大，工作时间很长——他的母亲是一家医院的资深医生，父亲是一名校长。按理说，像他们这样的职业，应该知道喝酒不是处理压力的好方法。他们确实知道这一点，但这并不能阻止他们每天下班后说诸如“天啊，我需要喝一杯”之类的话，然后他们却喝得比“一杯”多得多。奥利才不会这样喝酒，他想成为健康的人，他喜欢身体变得更强壮、更健康的感觉。奥利感觉有压力或烦恼时就会去跑步，所有的紧张和烦恼都会烟消云散，回来后就感觉好多了。跑步还有助于奥利的睡眠。

奥利现在对他的朋友帕维尔感到很生气。帕维尔以前和奥利有一样的喜好：他总会参加运动或课后活动，尤其是户外活动。现在，帕维尔却加入了烟民行列，成了奥利和帕维尔小时候看不起的那种孩子——只会胡闹、从不努力的孩子。帕维尔的父母最近离婚了，之后他就变了。奥利试图分散他的注意力，让他不要想太多家里的事情。帕维尔在绘画方面很有天赋，他们原来计划要一起创作一部漫画。但帕维尔现在只想待在房间里，戴上耳机玩游戏，试图把一切都屏蔽掉。之后，他就开始抽烟了。奥利说：“兄弟，你为什么要这么做？为什么还和那些白痴混在一起？”帕维尔反驳道：“你什么都不懂！回去过你的完美生活吧！”

娜奥米、奥利、奥利的父母和帕维尔都在应对生活中的压力和问题，只有奥利做出了健康的选择：在面对压力时去跑步。其他人则做出了消极、不健康的选择。娜奥米因为太紧张而回避挑战，虽然这样让她暂时避免了痛苦，但她也因此失去了享受成功和为自己感到自豪的机会，那些机会本可以使她在下一次变得更强大。奥利的父母喝酒，帕维尔吸烟，他们喜欢这种短暂的放松感，忽视了随之而来的许多健康问题。我们很容易在不知不觉中开始使用这些消极的应对策略，我们需要学会察觉并找到积极的应对方法。这并不容易，尤其是当某个习惯已经根深蒂固时。不过我们还是有可能找到积极方法的，有时也需要借助外界的帮助。

应对策略是什么？

每个人都有应对策略，婴儿、儿童、青少年和各个年龄段的成年人都会使用这些策略。应对策略是一种试图减轻痛苦的生存本能。小婴儿在饿、渴、冷、热或不舒服时会哭闹，因为这样会带来解决办法——成年人会来帮他们解决问题。这是婴儿最好的，或者说是唯一的应对策略，因为婴儿自己什么都做不了，这种应对策略的结果就是问题得到了解决。

长大后如果还因为饥饿或其他简单的需求而哭泣，那就不是最好的应对策略了，我们需要自己解决问题。在这类情况下，哭泣可能还会带来负面后果，人们会感到烦躁，并批评我们无法做如此简单的事情。即使我们不能自己做是因为我们受伤了，或出于其他一些很合理的原因，哭泣通常仍然不是最好的策略，因为最好的策略是去寻求帮助。（当然，哭泣在有的情况下也可能是一种不错的应对策略！请见本章“积极的应对策略”部分。）

当我们从婴儿成长为儿童、青少年和成年人，我们会学到很多其他处理问题的方法，从应对糟糕的一天到处理重大挫折或真正艰难的情况。如果我们选择了积极的策略，就会直接提高我们的心理韧性，在我们周围建立起一道保护屏障，让我们能够坚强地面对世界，不再逃避。

首先，我们需要知道哪些是消极的应对策略，这样才能避免它们。

消极的应对策略

所有的应对策略都能在一定程度上缓解问题，但有些策略会带来长期的负面影响。人们使用这些消极策略是因为它们能带来短期的情绪缓解，可能并没有考虑它们长期的影响。大多数人都知道这些策略并不是真正应对困境的好方法，但痛苦让他们无法理清思路，或无法控制自己的行为。他们可能没有意识到所作所为很可能会削弱心理韧性。很快，这种行为就会成为一种习惯，这些事情做起来很容易，但并不是最好的选择。

要增强心理韧性，就要学习和使用大量积极策略。因此我们需要知道哪些是消极策略，然后才能避免它们。这样，我们才能做出正确的选择，建立心理韧性。

以下是一些消极应对策略的例子，这些策略带来的消极影响程度各不相同。

♥ **咬指甲或者指甲周围的皮肤** 有这种习惯的人往往在压力过大时更容易会这样做。这种习惯能在短期内缓解压力，但可能会让人感到疼痛或让其他人看得不舒服。这不像其他行为那样严重，但大多数咬指甲的人希望自己能改掉这个习惯。

♥ **自我伤害** 人们有时会给自己施加身体上的伤害，以此来处理情感上的痛苦，这种行为是非常危险的。通常情况下，人们并不会真的相信这样做就能让问题消失，他们只关注短期的情绪缓解。

♥ **吸烟**　香烟中的尼古丁和其他一些化学物质可以让人在短时间内感到放松，无论从短期和长期来看，吸烟对健康有严重的危害。

♥ **酗酒**　与吸烟一样。此外，醉酒有可能会产生严重的危险。

♥ **药物**　非法药物和一些处方药的副作用与烟酒一样。请注意，医生有时会开一些治疗各种精神健康问题的药物。请务必遵照医嘱服药，并定期进行复查，有些药只能服用一段时间，有些药必须要逐渐减少服用量。没有人会认为吸烟、喝酒或服药能真正治愈自己的问题，但他们往往做这些事情来逃避不良情绪，这些都会降低他们的心理韧性。

♥ **有问题的饮食习惯和进食障碍**　进食障碍具体分为很多类，其中最为人熟知的是神经性厌食症和贪食症。进食障碍还有一种更广泛的理解，即对食物抱有不健康的心态，有些人对食物有很大负罪感，经常限制自己的饮食。有时候，他们也会认为这样可以治愈自己的问题，认为如果自己更瘦，就会更快乐，等发现自己并没有更快乐时，这种习惯很可能已经根深蒂固，难以轻易改变了。

♥ **回避让你担心或苦恼的事情**　如果某件事情给我们带来痛苦或苦恼，试图回避它是很自然的反应。有时候这样做是明智的，比如，为避免感到太悲伤就不看悲伤的故事；觉得过山车很可怕就选择不去坐。但如果引起我们痛苦的事情是对我们有益的，比如在公共场合发言、认识新朋友、上学、参加有可能让自己感到自豪的比赛，逃避这些事就不太明智了。如果我们有某种恐惧症，相应的治疗通常就是通过逐步增加接触恐惧源来帮助我们减少恐惧，而不是完全回避。面对困难时，回避通常不是一个好的应对方式，它反而是一种消极的应对策略。

如果你正在使用这些消极的应对策略，你可能需要一些帮助才能停下来。请与你信任的成年人交谈，或者寻求医生的帮助，他们也许可以让你看到更多的方向。正如我所说，这些事情可能会成为习惯。虽然习惯很难改变，但并非不可能。

接下来我们将讨论一些积极的应对策略，在那之前先让我们理解一下什么是压力以及它会带来哪些问题。

理解压力

压力本身并不是问题，但如果没有良好的应对策略，反复出现的压力就会削弱你从问题中复原的心理韧性。因此，当我们谈论压力管理时，我们真正的意思是尽量减少或避免反复出现的压力带来的负面影响。因此，压力管理是心理韧性的重要组成部分。好消息是，你可以做很多简单、实用的事情来远离这些问题。

究竟什么是压力？我们经常谈论“压力”，几乎总是以一种消极的方式谈论它。重要的是我们首先要理解，压力实际上有积极作用，是所有动物都进化出的某种帮助自己成功生存下去的现象。当大脑检测到任何威胁时，“压力反应”就会立即发生。在我们还不知道威胁是什么的时候，大脑就会触发“战斗、逃跑或僵住”反应，这样我们的身体就能发挥超强的性能来战胜威胁。在20多万年前，智人刚刚出现的时候，压力反应就是为了应对我们当时面临的威胁而进化出来的。如今，我们面临的特定威胁已经发生了变化，不过我们仍然会对任何可能伤害我们的动物、陌生人（他们可能很危险）以及任何我们面临的压力（无论是精神上还是身体上）产生恐惧反应。

压力反应带来肾上腺素和皮质醇等激素快速涌入，这会立即带来多种效应：我们的心率和呼吸加快（为可能需要使用的肌肉提供额外的氧气和能量）；我们的肌肉紧张，准备随时行动；我们的脑力集中于威胁，忽视其他不相关的事物；我们感到焦虑和警觉。

这意味着我们可以超常发挥。当我13岁时被一只鹅追赶的时候，我跳过了一扇巨大的门，如果我没有对威胁感到焦虑，我是不可能做到这一点的。

压力并不总是坏事，它有时候是有益的，它能帮助你赢得比赛和竞争，在考试中取得好成绩，在舞台上尽情表演，发表精彩的演讲。它还能让你免受伤害，就像20万年前一样。

但是，压力确实也会带来问题，会消磨我们心理韧性。如果压力过大，它就会主宰我们的生活，让我们没有时间、精力或脑力来保持韧性、面对未来。过大的压力会让我们表现不佳，而不是超常发挥。我们需要了解可能出现的问题，这样才能加以防范，并制定应对策略。我们需要学会应对生活中的各种压力，培养自己对未来压力的适应能力。

压力可能带来的问题有：

♥ 我们可能会感到过于焦虑。相应的压力反应会让我们感到非常不舒服，惊慌失措，只能想着自己感觉有多糟糕，而不是我们需要做什么。

♥ 我们可能会在需要放松的时候感到焦虑，导致难以放松和休息，引发失眠。

♥ 我们可能会持续感到焦虑。皮质醇的消退速度比肾上腺素慢，如果我们频繁感到压力，它就会在我们体内累积。皮质醇的积累会带来失眠、注意力不集中、情绪低落、免疫力下降等很多问题。

这些问题可能是短期的，通常是在某些特定而暂时的事件发生时出现。如果是长期存在的压力，这将是更严重的问题，你可能已经习惯了这种压力状态，甚至没有意识到自己处于压力之中。

重要的是，要认识到有很多情绪或场景可能是压力的一部分，包括：焦虑、痛苦、恐惧、过度工作、无力感、羞愧、内疚，以及因感到被别人关注而产生的压力感。

惊恐发作

惊恐发作是一种极其不舒服的体验。当一个人惊恐发作时，他们通常感觉自己仿佛要死了。这种感觉实际上源于恐慌的心理，因为他们并不会真的面临生命危险。

常见的症状包括以下几种（每个人可能不会出现所有症状）：

- 心跳加速
- 呼吸急促
- 出汗
- 急需逃跑或离开房间
- 感到震惊和恐惧

惊恐发作是对压力的一种极端反应。如果患者能够使用简单的腹式呼吸等镇静技巧，它们通常很快就会过去。一旦一个人有过一次惊恐发作，他们就会害怕这种情况再次发生。如果你有过这样的经历，提前学习一些应对策略是很有意义的。同样重要的是，如果发生这种情况，告诉身边的朋友，他们该这样帮你：引导你专注于减缓呼吸，并不断向你保证不会有生命危险。

如果你经常经历惊恐发作，一定要去看医生。医生会给你提供更专业的帮助，并指导你采取正确的措施。

哪些迹象表明你正在遭受压力困扰？

要建立应对策略以抵御生活中发生的糟糕事情，首先要了解并注意那些压力正在损害你的健康的迹象。每个人的迹象不同，你可能会有以下一种或几种：

- 经常头痛
- 经常胃痛
- 肩部、颈部肌肉疼痛
- 头晕
- 感到恶心
- 睡眠问题
- 没有原因地感到紧张
- 经常因小事而哭泣
- 食欲增加或减少
- 情绪波动和脾气暴躁
- 胸口疼痛

上述任何一种情况也可能是由压力以外的因素造成的，无论你担心的是什么问题，你都应该去医院检查一下。

实践小活动

你认为自己的压力反应是什么？请画一幅简单的自画像，并在图画上标出你在焦虑、压力、紧张或烦恼时可能会出现的迹象或症状。

当你知道了这些症状大多是正常的压力反应，你便可以不再为它们感到担忧。如果你不确定某个症状是否是压力的表现，可以向一个值得信任的成年人询问。必要时，也可以让医生来帮你确定一下。然后，你就可以使用现在学到的一些积极策略了。这将有助于你在下次受到压力影响时更好地应对：通过学习有效的应对行为，养成健康的自我关爱习惯，你会逐渐培养出更强的心理韧性。

积极的应对策略

现在我们来看看积极的应对策略有哪些。你不一定要全部使用，但请一定把每一条都读一遍，这样你才能知道哪些策略可能是对你有帮助的，然后再选择你想尝试的方法。你还要记住，没有什么方法可以立即、永久地消除你的所有压力，即使是最有效的策略，也必须根据需要，反复使用才行。

腹式呼吸

这是一个绝妙的快速应对策略，每个人都应该学会！这是一种理想的应急技巧。即使是平时很放松的人，也会在毫无征兆的情况下突然感到压力，所以一定要准备好这一招。

下面是它的工作原理：身体对压力的正常反应会让我们的呼吸变得更快、更浅，此时使用的是上胸部而不是整个肺部。当我们真的需要立即行动时，这样做是没有问题的，但是这种情况发生的比实际需要频繁得多，甚至会在没有必要的情况下发生。我们需要留意并改变这种呼吸方式。

你现在就可以检查自己的呼吸是放松还是紧张。将一只手放在上胸部（喉咙下方），另一只手放在腹部（肋骨下方的“肚皮”上）。保持正常呼吸一会儿，注意哪只手动得更多。如果是放在上半部分的手，说明你的呼吸有些紧张；如果是放在腹部的手动得更多，说明你的呼吸舒适而放松。

腹式呼吸基本上就是将呼吸向下移动，使腹部的运动多于胸部的运动。

你可以在网上找到很多视频来教你怎么做，这里有一个简单的描述：

1. 舒适地坐着或躺着。随便你睁眼或闭眼。一开始的时候，很多人会觉得闭着眼睛更容易些。

2. 用鼻子吸气数到 3，屏息保持数到 4，然后用嘴呼气数到 7，用正确的速度做这个动作。

3. 这样做几次，直到你掌握了节奏；继续做时，把注意力集中在腹部，让腹部随着呼吸运动。

4. 每次呼吸时，注意放松肩膀和腹部的肌肉；每一次呼吸都要更柔和、更放松、更深沉。

5. 继续这样做，想做多久就做多久。

在紧急情况下，如果你没有时间做完整的步骤，只需要提醒自己："让我的呼吸带动腹部移动，让我的肩膀、颈部和腹部的肌肉放松。"腹式呼吸只是简单地将呼吸从胸腔上部转移到腹部。

当你躺在床上想要入睡时，也可以使用这个方法。它非常有用，能够帮助你转移注意力，缓解焦虑，让大脑平静下来。

实践小活动

今晚睡觉前，练习腹式呼吸。

在互联网上找一个示范，或者找一个免费的放松音频。确保在 15 分钟内不会有人打扰你，找一个安全的地方坐下或躺下，安静聆听说明。

实用的自我关照技巧——幸福小桌

在本书中，我首先谈到的一点是关心自己以及做自己的支持者的重要性。你可能认为照顾自己不需要技巧，但仔细想想，有些人似乎比其他人更会照顾自己。我们一定有可以学习、培养和提高的地方。

我使用的方法是“幸福四脚桌”。四条桌腿分别代表食物和水、运动、睡眠、放松。四脚桌的特点是，如果三条桌腿都很强壮，有一条桌腿折断，整张桌子就会倒塌，我们需要照顾好四条桌腿的每一条。

想想你每天怎么能做到这一点。虽然你不可能每天都在这四个方面做到完全平衡，但要时刻注意哪条“桌腿”可能出现了问题，并及时采取措施进行加强。

以下是一些建议：

食物和水

- 不要挨饿——如果你感到饥饿，大脑就无法集中注意力或做出良好的决定。
- 饮食多样化——要确保你摄入了保持健康所必需的各种营养，最好的办法就是多吃不同的东西。
- 多吃水果和蔬菜。
- 多吃豆类、谷物（如燕麦）和坚果（如果不过敏的话）。
- 将含糖食品和高度加工食品作为偶尔的享受，而不是日常饮食。
- 不要计算卡路里，要计算食物种类。

♥ 喝足够的水——目标是不要感到口渴。避免喝碳酸饮料、含糖饮料、能量饮料、酒精以及过多的咖啡因。

运　动

♥ 多运动——能走路就尽量不要开车；搭公交车提前一站下车走走；爬楼梯而不是坐电梯；如果一直久坐，每隔一小时就起来活动活动。

♥ 选择自己喜欢的运动——如果你不喜欢团体运动，做一些你可以单独完成的活动；探索一下，你是喜欢短时间快速的锻炼，还是长时间慢节奏的运动。

♥ 与他人一起锻炼，激励自己。

♥ 每周至少做三四次能提高心率、让你有点气喘吁吁的运动，每次至少 30 分钟。

♥ 不要为了减肥而运动，要为了健康和身体强壮而运动。

睡　眠

♥ 每个人的睡眠需求不同，大多数 11 岁到 25 岁的人每晚睡眠时间在 7.5 小时到 9 小时之间时，感觉和表现最佳。如果每晚睡眠时间经常少于 6 小时，几乎每个人都会受到负面影响。

♥ 争取每天晚上和早上在大致相同的时间睡觉和起床。

- 在关灯睡觉前的一两个小时里，确保自己在做一些温和、平静的活动，帮助身体放松，让大脑知道就寝时间快到了。
- 在这段时间里，避免一些会让人兴奋和心率加快的因素：咖啡因、压力、运动、日光、强光、电子屏幕和各类消息。
- 学习一些技巧应对失眠。

放　松

- 要明白，压力有助于我们的工作表现，但我们也需要对其加以控制。
- 相信“放松不是奢侈品”，放松不是你给自己的“奖励”，而是能提高幸福感和健康的东西。
- 学习腹式呼吸等呼吸技巧。
- 每天安排一些短小的放松时间，尤其是在你特别忙碌紧张的时候。你会在下文中找到更多相关的信息，包括如何根据自己的心理需求选择合适的活动。
- 拥有一个爱好。当你需要让大脑从当前的工作中抽离时，爱好将是你可以依赖的事物，它能让你切换到另一种类型的活动，帮助大脑放松和恢复。

请记住，照顾好自己能增强你的身心健康，从而更容易建立心理韧性。

实践小活动

画一张有四条腿的桌子。给每条桌腿贴上以下标签：食物和水、运动、睡眠、放松。

在每条桌腿下面或旁边，写上或画上一件或几件你在过去 24 小时内做过的、你认为对这条桌腿有积极意义的事情。

然后看看是否有一条桌腿让你感觉没有那么强壮？你能想到或找到一两个可以采取的行动来加强它吗？

将放松融入日常生活

通过上面的学习，你知道了放松不是一种奢侈品，而是幸福的必要条件。它是最重要、最令人愉快的积极应对策略之一。当人们被压力或困难压得喘不过气来的时候，往往会认为简单休息一下根本无济于事。但是，每一个微小的行为就像一块积木，它们能一步一步地减轻你的压力，让你更有能力面对挑战。

你应该在什么时候放松？有两个同样好的时机：你真正感到有压力的时候，任何时候！

有时，我们无法在感到压力时休息，因为我们必须处理特定的事情，但我们应该向自己保证，当天晚些时候我们会做一些放松的事情。光是有这样的期待，就会让我们的生活变得不同。

你应该放松多久？只要你觉得需要，你就可以做多久。许多放松活动其实可以很短，下面的一些建议只需要几分钟。

快速放松的方法

- 抚摸宠物。
- 涂鸦。
- 完成一个快速拼图或玩几分钟解谜游戏。
- 喝一杯冰水，加一片薄荷叶。
- 饿了就吃点零食。
- 躺在草地或沙地上。
- 到户外简单散步十分钟。
- 按摩双手或太阳穴。
- 闻闻香味。
- 给朋友打视频电话。
- 给爷爷奶奶、外公外婆，或是其他亲戚朋友写一段亲切的留言。
- 学一个外语新词。
- 做白日梦——如果你中了彩票或者可以实现三个愿望，你会怎么做？
- 点一支香氛蜡烛。
- 快速正念。无论你从清单中选择哪种活动，都要正念地进行，正确专注于该活动。

用时长一点的方法

- 读一本书。
- 泡个澡。
- 做任何一种运动。
- 观看任何一种运动。
- 散步——自己走或与他人一起走；可以是快步走，也可以是慢步走。
- 游泳或跑步。
- 去电影院。
- 喝咖啡或吃甜点，与朋友一起去或单独去。
- 烘焙或烹饪——或者是做烘焙和烹饪的计划。
- 堆雪人、搭建沙堡或做手工。
- 画一幅画。
- 写一首诗。
- 给亲戚写一封信。
- 整理卧室。
- 计划一次聚会或派对。
- 任何爱好活动——也许是新的爱好。

根据实际情况做出正确选择

这些活动（以及你可能想到的许多其他想法）都能很好地起到放松的作用，重要的是在合适的时间选择合适的活动。

想一想，哪一种描述与你现在的情况更匹配：

1. 你感到整个人都比较焦虑、紧张、神经紧绷，希望能让自己更平静、更放松。

2. 有一个让你烦恼的大问题，正在占据你的思绪，你想暂时从这个忧虑中解脱出来。

如果你有一个大的烦恼不断困扰着你，那些低集中度的放松活动可能不会奏效。因为这些活动不需要大量的注意力，留下了很多“脑力空间”让你继续担忧。要让自己从烦恼中解脱出来，你就得选择那些需要集中更多注意力的活动，例如与他人一起运动、看电影、阅读引人入胜的书籍、解答谜题或玩电脑游戏等。

回头看看之前我建议的放松活动，有些活动只需要很少的注意力，比如散步；有些则需要很多，比如看书。所以，想一想，哪一种最适合此时此刻的你。

玩电脑游戏是一种积极的策略吗？

可能是，也可能不是！有三点需要考虑：

1. 它真的能让你感到放松吗？如果是，那就没问题。但如果它其实让你感到紧张或有压力，那就可能是一种消极的应对策略。

2. 你能轻松控制游戏时间吗？ 如果你可以轻松限制自己只玩 20 分钟，不被诱惑继续玩下去，那很好。如果不能，说明你可能无法控制，甚至有些成瘾，那么玩游戏就是一个消极的策略。

3. 你是否也花了适当的时间与人面对面交流、健康饮食、锻炼身体或做其他不需要通过屏幕完成的放松活动？如果有，那没问题。如果没有，你的电脑游戏可能占用了过多本来不该属于它的时间。

实践小活动

制作一张海报，列出所有你能想到的放松活动，尤其是你喜欢做并且有机会去做的。包括一些可以快速完成的活动和需要花费较长时间的活动。确保它们多样化，也就是既有刺激的又有放松的，既有户外的也有室内的，既可以与朋友一起也可以单独进行的，既有挑战性的也有简单易行的。

确保其中一些活动需要少量的注意力（适合只想让自己平静一点的时候），另一些活动则需要较多的专注力（适合想要转移注意力的时候）。按照你喜欢的方式装饰这张海报，并把它贴在你的墙上。

活跃起来

大量科学研究证明，体育活动是一种绝佳的积极应对策略。它对缓解压力、增强自信、培养技能、提高自尊和改善情绪都有好处。它还有助于睡眠和学习。遗憾的是，有些人不喜欢运动，或者还没有找到自己喜欢的运动。如果你认为自己不擅长运动等涉及移动身体的活动，又讨厌别人看到你的身体，那运动可能会产生负面影响，让你对自己感觉很糟糕。如果你认同以上想法，接下来的几页会给你提供更多的方法，每个人都可以尝试一下。

我们知道运动对生理和心理都有巨大的好处，运动对提高心理韧性（通过改善心理健康、提升信心和技能）也有巨大的潜力，所以每个人都应该找到至少一种能让自己感觉良好的体育活动，这是非常重要的。

如果你喜欢运动，你就不难想到更多可以尝试并愿意花时间做的运动。如果你不喜欢，你就需要一些简单而有吸引力的建议。

不瞒你说，我这里有一些！

首先，少坐

很多证据表明，久坐不利于身体健康。当然，有些人有生理性原因，他们必须坐着，但那是特殊情况，我说的是那些有能力站起来走动却长时间坐着的人。

你不必每天都运动。你只需提醒自己时不时站起来运动一下。你可以设置一个定时器来提醒自己。

其次，选择步行

少量的额外活动会在不知不觉中增加你的运动量。你都不用换衣服，因为做这些不会热得满头大汗。例如，不要全程乘坐公交车，而是提前两站或者更多站下车，或者全程步行。有电梯时，仍选择走楼梯。如果步行距离较短，可以选择较长的路线。当然，要遵守相应的安全准则。

你可能听说过一万步是我们每天应该达到的目标。其实没有科学依据表明这是一个神奇的理想步数，这只是一个漂亮的整数而已，却被人们视为这是一个合理的目标。但如果你只走了八千步，那也比四千步强。你可以买一个便宜的计步器，或者你可用手机计步，尝试实现这个目标会很有趣。你可能会发现，一个平常的上学日就能让你很轻松地达到这个目标，尤其是如果你在课间休息时很活跃、步行一段距离上学或上了体育课等。

不过，不要强迫自己。这样做是为了培养健康、合理的生活方式，而不是对运动的执念。

再次，了解自己

找出你不喜欢体育锻炼的原因，它可能是以下任何一种（或多种）：

- 你不喜欢出汗。
- 因为一些生理原因，某些动作会让你感到疼痛或不舒服。
- 你不想让别人看到你通常遮住的身体部位。
- 你讨厌更衣室和公共浴室。

- 你不喜欢团队运动。
- 你不喜欢竞争。
- 你认为每个人都比你强。
- 你觉得运动无聊。

我理解所有这些原因，我自己也认同其中的绝大部分。但无论你是谁，都会有喜欢的运动。作为年轻人，你并不总是有完全的选择权，有些活动取决于你住在哪里，有些需要花钱（尽管很多活动不需要）。但我相信，总有一些运动是你可以做的，即使当时不喜欢它，但其实也并不很讨厌它，甚至会为自己的努力而感到高兴。这就像我跑步一样：我并不喜欢跑步，但我喜欢跑完之后的感觉，这种感觉会让我一整天都很开心。

以下是一些建议：

- 如果你喜欢一个人锻炼，可以尝试游泳、散步或跑步。我知道游泳池里很可能会有其他人，尽量忽略他们的存在；选择人少、大多是成年人的时间，这样你不太容易感觉到他们在评判你。如果你选择独自锻炼，不要把自己置于危险之中。告诉成年人你要去哪里，在这方面你要保持警惕，注意安全。
- 如果你不想被人看见，就在自己的房间里锻炼，可以试着跟着自己最喜欢的音乐跳舞，或者跟着线上的健美操、瑜伽、健身视频练习。
- 如果你不想热得满头大汗，可以试试瑜伽或普拉提。

同样，也可以上网络课程。

♥ 如果你有残疾或身体疼痛，理疗师会告诉你可以做的活动。

♥ 如果你想和其他人一起享受户外活动的乐趣，又不想打比赛或展示自己不擅长的部分，可以尝试藏宝或寻宝游戏，或者和家人朋友一起去探险。你可以去当地的旅游景点，比如城堡或寺庙，那儿有很多台阶！

♥ 尝试一两次，给某项活动个机会。你可以在当地社交平台或网站上查找相关信息，并与朋友一起参加活动，理想情况是遇到一个同样感到紧张或不情愿的人。

不要把事情搞得太难，否则坚持下去就会变得更加困难。我开始跑步时，并没有真正想跑，也没有计划，我只是参加了“教你跑到五公里”计划。这个计划因简单而出名，我自己就能做到，正是因此多年以后我仍在坚持跑步。

经常参加体育锻炼不仅有助于应对压力，还能让你掌握某些技能，这是双赢！

找到你能掌控的事情

我们常常花太多时间关注错误的方向，也就是那些我们无能为力的事情。我们会为过去而焦虑：“我当时为什么要那样说？我为什么没有那样做？如果我当时……”我们还担心未来：“如果我生病了怎么办？考试不及格怎么办？如果我爱的人离开了怎么办？”

有时候想一想这些事情，只是稍微想一想，可能是有用的。回想一下发生过的糟糕事情，找出原因，想想我们本可以做些什么来避免它的发生，这些都是有益的。偶尔预想将来可能会发生的可怕事情，思考自己会有什么样的感觉和行为，这可能对我们会很有帮助。这有点像做噩梦，它是一种处理正常恐惧的有效方式。但如果我们花了太多时间去担心这些事情，以至于无法享受当下，或无法做一些明智、实际的事情来帮助我们将未来变得更好，我们就白白浪费了时间。

因此，当你感觉到有什么糟糕的事情要发生，而你又无法控制的时候，请找出你可以控制的部分，并将注意力集中在那上面。假设你的奶奶病了，你无法阻止它发生，然而，你可以哄她开心，给她画一幅画、写一首诗或讲一个笑话，烤个蛋糕或为她录一段视频。假设你因为生病耽误了一些功课，你感觉考试要不及格了，你无法改变你生病的事实，但你可以请老师帮你想想办法，尽可能地补上缺课的内容。

“哪些事进展顺利？”

这是心理学家马丁 · 塞利格曼最早描述和研究的一种常用技巧，有时也被称为“小确幸”练习。

你只需在每天结束前花几分钟时间，确认当天有三件事对你来说进展顺利。把它们写下来，花一点时间想想这三件事，以及它们发生时你的感受。不管是你做的事情还是发生在你身上的事情都可以。

这些事情可以很小，比如“今天早上阳光明媚”“我走路去学校而不是搭车”“我按时完成了作业”“我喜欢今天的午餐”“我给爸爸泡了一杯茶”或“我记得了祝朋友生日快乐”。也可以是更大的事情，比如“我在课堂上回答了两个问题”“我在考试中取得了好成绩”“我进了一球”“我读完了一本书”“老师夸我很用功”“我哥哥没有取笑我”“我和朋友玩得很开心”。在某个幸运日，它可能是更重要、更引人注目的事情，比如获奖、考试名列前茅、入选某个团队。

如果你感到沮丧或焦虑，往往很难想到好的事情。我建议你给自己一个机会，真的去试一下这个方法。有时可能是你不愿意让自己感到快乐。如果你这种感觉已经持续了几个星期，我会鼓励你向成年人倾诉，看看是否可能是抑郁等情绪问题在作祟，这种情况会让你很难看到生活中的积极面。

经常做“哪些事进展顺利”的回顾练习确实有帮助。它能让你看到生活中的美好事物，同时也不会忽视不好的事情。每一个积极的想法都能帮助我们改善情绪、增强韧性。

为自己留出担忧的时间段

你的脑海中是否总是反复出现一些消极的想法或焦虑？如果它确实与你目前的生活息息相关，比如考试，或者是对家里某个人的实际担心，或者是任何现在对你来说很困难的具体事情，那么你花一些时间去想它是可以的，也是健康的。可如果它完全占据了你的生活，那就不行了。在一天当中，你可以给自己留出一小段时间，允许你自己担心甚至为此难过，只要你不在临睡前或夜里这样做就行了。

当超出你的担忧时间段时，坚定地让这些想法消失。

打破"忧虑链"

忧虑或消极的想法和经历会习惯性地引发其他忧虑，尤其是对那些比其他人更焦虑的人来说。也许你有一种特别的反复出现的恐惧，例如对生病的恐惧，但你已经有一段时间没有去想它了，它目前还不是问题。然后，你开始担心考试不及格。这就引发了你对生病的担忧，你有时还会产生其他担忧。忧虑是相互关联的，我称其为“忧虑链”。当你处于焦虑状态时，你脑海中的所有忧虑都会涌现出来。

关键是首先要认识到这件事情正在发生：“我以前的担忧又来了，因为某些事情又触发了它们。”你可以告诉自己要使用一种积极的策略来解决它。正念可以很好地解决这个问题。你也可以加倍努力集中精力在工作或参加体育锻炼上，或者出去和朋友们一起放松一下。如果你意识到自己现在容易受到影响，那就采取些措施来提升心理韧性。

改变你的思维

你是否发现一个消极的想法有时会在你的脑海中反复出现？它可能与你犯过的错误有关，可能与发生过的坏事有关，可能与“如果那样会怎样”之类的担忧有关，也可能与对自己的消极信念有关，比如“我很笨 / 不受欢迎 / 运气不好 / 体重过重 / 不配”。它会在一段时间支配你的思维，几分钟、几小时或是几天，甚至它还会让你夜不能寐。

这种负面想法其实是你自己在大脑中创造的一条或一系列路径，尽管你并没有刻意这样去做。每当我们形成一个想法时，它会在大脑中构建出一条路径，这意味着下次再想这个问题时会更容易一些。每次重复这个想法，都会让这条路径变得更牢固，最终形成自动化的思维模式。

你就是这样养成“思维习惯”的，就像咬指甲、摆弄头发或敲笔等行为习惯一样，思维习惯也会固化，只是发生在你的头脑中，而不是你身体的其他地方。

如果这听起来很熟悉，那么是时候在你的大脑中建立一条不同的路径，也就是一个新的、积极的思维习惯了！

你要做的，就是选择不同的想法来对抗消极的想法：“我一无是处”可以变成“某人可能以为我一无是处，但我不是”或“我擅长很多事情，这才是最重要的”；“我太胖了”可以变成“我的身体给了我生命，我要照顾好它，让身体更健康”或“我喜欢快走半小时的感觉”。

我并不是说这很容易：这肯定需要一定的时间和练习。与积极的想法相比，我们似乎更容易相信消极的想法，因此需要重复积极想法很多次，你才能真正开始相信它们。

同时，我们不妨重温第三章，提醒自己需要证据来证明自己能够做到一些事情。

正念和冥想

冥想有不同的形式，它们都涉及控制身心以达到深度放松状态的方法。冥想很难，需要练习，不过也有一些简单的练习方法，任何人都可以尝试。

正念是冥想的一种。它能帮助你“置身当下”，专注于你现在所做、所感知和所感受的小细节。如果有其他想法进入你的脑海，你可以承认它们的存在，随后让它们从你的脑海中消失，不要让它们主宰你或破坏你的放松状态。

正念已经非常流行，你可以通过许多简单的方法将正念的一些理念带入日常生活中。假设你有一个苹果、一杯冰水或任何美味的东西。你吃一口，然后停下来，用心留意关于它的一切——口感、味道和气味，以及它进入喉咙时的感觉。你试着注意到所有的感官和你能注意到的一切。

当你的身心飞速运转，感觉事情压得你喘不过气来的时候，正念可以帮你放慢脚步。但它并不是对每个人都有效。如果你尝试了，它对你不起作用，或者你觉得它很烦人，这并不意味着你有什么问题。也许是我们没有耐心，也许我们应该更努力地尝试，但我们知道有其他事情对我们更有效，我们会更愿意做那些事情。

实践小活动

选择一项你熟悉到通常不假思索就能做的活动。例如：吃饭、穿衣、洗澡、整理发型或化妆、泡茶、上楼梯、上学。这次不要不假思索地去做，而是用心地去做。换句话说，就是尽可能把更多的注意力集中在这项熟悉的活动上，注意并思考其中的每一个微小的方面，你的身体是如何运动和感觉的，你能闻到什么、看到什么、听到什么、感觉到什么、尝到什么。

例如，假设你正在吃一块吐司，注意它的颜色和气味，看看它的纹路，看看面包哪些部分比其他部分更加金黄，它在你手中和碰到嘴唇的感觉如何？当你咬一口时，闭上眼睛，静下心来，注意味道、气味和质地。数数你每一口咀嚼了多少次。下巴移动时有什么感觉？这种面包从哪里来？可能是谁制作的？你刚刚放慢了思考的速度，以一种温和、平静的方式引导思维，远离了紧张、忙碌的生活状态。你让你的压力反应休息了一下。你使用了一种健康、积极的应对策略，通过创造这样一个小小的空间来呼吸和放松。你可以多次使用它来帮助自己冷静下来，让大脑有机会变得更强大、更有控制力。

找人聊聊

有一句俗语“两人分担，困难减半”，这句话确实没错，但你必须在合适的时机选择合适的人。想想你的支持网络（见第二章），思考一下你最想向谁倾诉焦虑。也许是有过类似经历的人，也许是善于倾听的人。

他们可能无法立即提供帮助。也许他们自己也在担心某件事情，无法认真倾听你的事。也许他们只是没有说出恰当的话，或者不知道该说什么。

这时，你可能会求助于其他人。你会发现，其实仅仅是找人说出来，已经感觉好多了。

做自己的朋友

把自己当成最好的朋友（当然，你本就应该如此！），与自己对话是一种很好的应对策略。有些人会在脑海中自言自语，这完全没问题。有时，你甚至会发现自己在大声自言自语，很多运动爱好者都会这样自我鼓励：“加油——你能行！”就是一个明显的例子。

寻求专业帮助

有时你需要向专业人士倾诉，而不仅是你亲近的人。医生、心理治疗师和咨询师等专业人士受过各种培训，可以帮助人们解决抑郁、焦虑、进食障碍和强迫行为等一系列问题。本书中的所有建议都将帮助你免受各种让你心绪不宁的问题的困扰，但有时我的建议并不足够，你可能需要受过专业培训的人帮助你找到个性化的解决方案。有些治疗师可以改变你的思维对你的影响，帮助你以不同的方式思考和反应。

以下这些时候，你应该寻求专业帮助：

♥ 如果你已经连续几周情绪低落，尤其是在没有明确原因的情况下。也许你有一种无法摆脱的沉闷或悲伤的感觉。

♥ 如果你的焦虑或强迫性想法破坏了你完整的生活——例如，你的恐惧让你无法与朋友或家人一起做某些事，或者扰乱了你的学业、社交生活。

♥ 如果你的惊恐发作了不止一次，请参阅前文。

♥ 如果你不知道该向谁寻求帮助。

♥ 如果你认为自己有进食障碍的迹象，请找到有助于你了解进食障碍的网站。

♥ 如果你曾有过自杀的念头，或者认为自己最好根本不存在，不要拖延，告诉成年人，尽快去看专业医生。

学校或社区中的医疗机构通常是最好的地点，或者你也可以拨打儿童热线或社会公益组织等主流慈善机构网站上的联系电话。你也可以向任何信赖的成年人寻求建议，了解应该向哪里求助。

获取可靠信息

搜寻信息来帮助解决问题是一种很好的应对策略。但你怎么知道哪些信息是可信的呢？即使在专家之间，有时也会出现意见分歧。科学并不总是局限于那些验证的知识，是有关发现、质疑、分析、解决问题，以及分享我们目前所掌握的可靠信息。

专家之间的意见分歧和聪明人对信息的不同解读比比皆是。大家对于该相信什么信息、遵循什么建议产生了不同看法，这有时会导致人们陷入迷茫，而不会理性地思考他们能控制什么，以及如何以合适的方式面对未来。当人们不知道哪些信息是可靠的，或者选择了相信错误的信息时，他们就无法获得最佳的应对工具。有时，人们仅在能避免所有风险时才会感到安全，这是可以理解的。然而，良好的心理韧性是要尽可能合理地评估风险，并能在此基础上做出明智的决策。

我们该如何知道什么是最优信息呢？

我的建议如下：

♥ 相信主流慈善机构或政府组织（例如，公共卫生组织或最知名的慈善机构）制作的网站或书面材料。尽管他们可能并不是对每一个细节都了如指掌（因为证据是会变化的），但他们通常是可靠的，而且他们能够获得很好的研究成果。

- 如果不确定某个组织或个人是否值得信任，可以在互联网上搜索对其持有的不同意见，若发现存在显著分歧，需提高警惕。
- 阅读来自多个资料来源的内容。
- 一本书很可能（但不一定）比一篇文章更值得信赖，只要这本书是由知名出版社出版的。自己印刷的书可能也没有什么问题，但没有编辑团队和其他人的审核保障，无法确保其有效性和合理性。不过，请记住，一本书或一篇文章的作者仍然可能只讲述了论点或观点的一面。如果有疑问，也可以读读其他的东西。
- 选择引用大量不同来源研究成果的书籍。
- 作者是否受到其他理性人士的信任？他们是否有大量的书籍和文章供你参考？例如，一个钻研某一领域多年的人，比一个刚刚决定写下个人经验的人更有可能提供有效的信息。个人经验可能很有帮助，但请记住，它只是一个人的经验。如果没有研究过更广泛的情况，他的建议可能并不适合你的情况和经历。
- 不要相信网络文章下面的评论。你无法判断他们是否可靠。不要相信谩骂和侮辱！

了解可能的诱因，不要回避

是否有某些事情会让你特别焦虑或苦恼？例如，警惕或害怕以下事物是很常见的：

- 病菌和疾病。
- 当众讲话及被人注视。
- 与死亡有关的任何事情，无论是与自己还是他人有关。
- 蜘蛛、黄蜂、蛇等生物。
- 测试和考试。
- 与陌生人说话或与一群人在一起。

有时，这些恐惧会主宰一个人的生活，使其很难完成平常和重要的事情。它们会发展成恐惧症——一种强迫性的恐惧。

有些人会对一些特定的事物产生恐惧，包括一些看似没理由害怕的物体，如棉絮、南瓜子、香蕉皮或小丑。

如果你害怕某样东西，通常的反应就是尽量避开它。这是可以理解的，但可能并不是最好的办法。合适的做法是你学会做出适当的反应，而不是过度紧张。如果你总是回避你害怕的事情，你就永远学不会管理焦虑，焦虑就会开始影响并主宰你的生活。

就拿在公共场合演讲来说吧，这是一种常见的恐惧。每个在公共场合演讲过的人都可能曾经为此感到非常紧张。但这件事做得越多，学会控制自己的紧张情绪就越容易。如果你总是回避公开演讲的机会，你就永远学不会克服恐惧，也永远体会不到做这件事的快乐和自豪。

如果你觉得有什么事情让你非常害怕，给你的生活带来了苦恼或困难，你可以请医生为你推荐一位可以提供帮助的咨询师或治疗师，完全没有必要默默地忍受痛苦。这完全没有必要！

心理韧性与触发因素

触发警告是指作家或演讲者即将提到某些可能引发部分受众痛苦回忆的话题时，所发出的警告。这类警告提醒读者做好准备或选择不去了解相关内容。但是，这样的警告有用吗？它们是提高了心理韧性还是减弱了心理韧性？

我们的情绪是由各种事件、想法和言语触发的。如果我们有过不好的经历、不愉快的记忆，情绪就会被别人讲述的相关故事、照片等东西触发。没有人喜欢回忆可怕的过去。

有时它不仅仅是不愉快的，还会让人深感痛苦，甚至无法忍受。在严重的情况下，如果发生了非常糟糕的事情，当事人又无法处理，他们可能会被诊断为创伤后应激障碍。患者通常需要通过心理治疗来恢复到更好的精神状态，能够在没有可怕情绪的情况下回忆往事。

为了过上充实而健康的生活，我们确实需要学会处理引发强烈负面情绪的事情。简而言之，我们需要有心理韧性。

我有一个年轻的亲戚，她严重的强迫症是由任何与死亡有关的事情引发的。我们不可能连续很多天听不到让我们联想起死亡的故事或看不到这样的图片，她的症状就经常会被触发。她无法避免这种情况，因此她不得不在大量专业人士的帮助下，学习如何适应这些诱发因素。

有些人会试图避开自己的诱发因素，我理解他们为什么会想这么做，但是我们不可能在回避常见词语或想法的同时过完整的生活，也不可能期望其他人都回避某些重要的话题，而这些话题本来应该是可以被公开讨论的，以便我们能形成共识。而且，回避也不会让我们变得更有心理韧性。

尽管触发警告一直是爱心人士用来帮助那些遭受创伤记忆折磨的人的常用工具，但最近的研究倾向于提倡不使用这些警告。有证据表明，这样做可能会产生两个负面结果：首先，患者实际上会更加焦虑，而不是减少焦虑；其次，他们会将创伤视为自己的核心，而不是学习如何减少创伤的影响。

心理韧性并不是逃避，而是找到力量去面对和克服我们最大的恐惧，然后继续自己的生活。如果你能按照本书的思路自己做到这一点，那真是太好了。如果你曾经经历一些非常艰难的事情，并且感到在面对某些对话、词语、想法、故事或话题时很脆弱，那么与一位既了解你的情况，又能帮助你过上健康、充实生活的专家交谈，会对你有很大帮助。

触发警告，即电影、书籍或对话在开始时会警告可能涉及某些敏感话题，这乍一看似乎是一个好主意，显得体贴关怀（我自己以前也这么认为）。但事实证明，它们并不能有效培养人们的心理韧性。当然，可能会有一些例外：如果你对自己的创伤记忆有很好的了解，触发警告可以让你喘口气，做好心理准备，满怀信心地去应对，这可能是一种积极的情况。

我的建议是，如果你正在接受焦虑症、创伤后应激障碍或恐惧症的治疗，请向你的治疗师咨询有关触发警告的问题。如果你没有接受治疗，但你觉得有一个话题会让你非常不安，那么请运用你的直觉，在阅读以你的诱发因素为主题的故事之前，可以与熟悉你的人先讨论一下。不要觉得你必须回避这些故事，其实控制你的反应才是目的。触发警告本身只是帮你回避一些事情，尽管它在当时看起来可能很有作用，但这并不是一个最好的方法。

关于哭泣

以上所说的都是有意采取的积极应对策略，谈到哭泣，它通常不是刻意的。当我们因为某件事情而感到非常悲伤时，痛哭一场，可能会让我们感觉更好。通过这种方式发泄情绪是完全没有问题的。而且这样做也很有用，因为它向周围的人表明我们需要安慰和帮助。甚至有可能这就是哭泣为什么随着进化过程成为一种反应的原因，因为人们对我们的同情可以真正帮助我们，并与我们建立联系。如果不哭，别人可能就不知道我们感受到的悲伤、痛苦或苦恼。

不过，在没有明显原因的情况下，经常哭泣也可能是我们身体不舒服的信号，提醒我们要去寻求帮助。抑郁症患者通常会发现，他们经常会因为一些看似很小的事情哭泣，甚至会自发地哭泣。如果你有这种情况，一定要去看医生，因为你的身体在告诉你，有些事情不对劲。这也可能是暂时性的，比如是因为过度疲劳或正在抵抗病毒，也可能是对生活中的打击或糟糕事件的延迟反应。

当然，一个人之所以会经常哭泣，有很多显而易见且非常自然的原因，其中最明显的就是悲伤。悲伤会以许多不同的方式打击我们，并不像有些人所说的那样有一个标准的情绪模式。如果你有失去你所在乎的人的可怕经历（或者你现在正面临这种情况），不要对你所感受到的一系列情绪感到惊讶，也不要对你哭得比你认为应该的更多或更少而感到惊讶，悲伤中不存在所谓“应该”。

经历挫折后重建应对策略

在你经历了一些糟糕的事情之后，你的应对策略可能受到了很大的冲击。你可能使用了一些消极的应对策略，或者没有在正确的时间使用积极的应对策略。你可能会觉得其中一些有效，而另一些无效。你能做些什么来重建应对策略呢？

1. 注意哪些是有用的策略。记下来，以便再次使用这些策略时能作为参考。

2. 选择一些有用的事情，想想如何花更多的时间去做。例如，如果你发现长时间散步或半小时跑步有好处，或者你发现长时间泡澡或做呼吸运动能让人放松，那就想想如何将这些活动融入你的一周生活，让它们成为你日常活动的一部分。

3. 承认你使用过的任何消极策略。不要自责或感到内疚，因为每个人都会犯错，但要想想下次你可以用哪些积极的策略来代替。如果你认为需要帮助才能做到这一点，现在就请求帮助，而不是等到再有不好的事情发生。

4. 在经历了非常痛苦的时光或事件之后，或者你觉得自己的生活已经进入了一个新的篇章，做出改变可能会非常有帮助。这些改变可以是非常实际和相对较小的事情，比如搬走房间里所有的家具，清理旧衣服和其他物品，参加一项新的运动，或者培养一种新的爱好或兴趣。去做吧！你已经度过了生活中的痛苦和挫折，你是一个全新的自己了。哪怕是找到一个小方法来向自己展示这一点，也会让你充满力量。你已经改变了，那就让这种改变积极起来！

反思与回顾

重新阅读有关娜奥米、奥利和帕维尔的故事。

你认为娜奥米应该继续参加体操比赛吗？如果应该，你会给她什么建议？如果不应该，你又会给她什么建议？

你能不能想到一个这样的例子：你为了不让自己感到害怕或焦虑，于是不去做一些你明知道应该做的事？事后你感觉如何？如果有比逃避更好的解决策略，那会是什么呢？你有没有从那次经历中吸取教训？

你认为奥利能坚持他的积极应对策略吗？对于他父母的消极策略，你会对他们怎么说？

你现在能找到一些娜奥米、奥利的父母和帕维尔可以采取的积极应对策略吗？

你可以在附录找到我对这些问题的个人建议。

总　结

应对策略是我们为缓解或治愈心理和情绪压力而采取的各种行动。如果我们选择了正确的策略，它们会像保护壳一样，使我们未来面对困难时更加坚强。如果我们选择消极的应对策略，我们可能会暂时感觉好一些，但它们会削弱我们的力量，使我们更不健康，更没有能力面对以后的挑战。积极应对策略会增强心理韧性，而消极策略则会降低心理韧性。积极策略不仅会立即帮助我们，还会为未来建立心理韧性。

积极和消极的应对策略都会很快变成习惯，我们都希望建立良好的习惯，使它们成为我们日常生活的一部分，帮助我们在心理和生理上变得强大。我们不应该等到问题出现才开始使用积极策略。如果我们在比较轻松的时候就已经建立了正确的习惯，当思维被问题占据时，我们就可以迅速采取健康的行动。

建立积极应对策略的最佳技巧

1. 对于所面临的每一个挑战，你要仔细想想什么才是健康的应对策略，这种策略应该不仅在短期内有效，而且还能长期地帮助你。尽量在你感觉比较平静的时候想出这个办法。如果你被强烈的情绪冲昏了头脑，可以请人帮助你更清晰、更有条理地看待问题。
2. 准备一份在不同情况下对你有帮助的活动小清单，这样你就可以很容易地选择合适的活动。把清单写下来，放在可以快速找到的地方。
3. 不要默默忍受。如果你觉得自己无法独自应对，总会有人能够并愿意倾听你的心声。他们可能会有解决的办法，但即使他们没有，倾诉本身也总是会有帮助的。

♥ 日记时间

除了实践活动之外，你还可以在日记中记录以下的内容：

1. 你从本章中学到的三件事。

2. 如果可能的话，坚持每天做“哪些事进展顺利”的记录。

3. 你是否认同与本章开头的任何一个人物的感受?

4. 你认为自己在用什么消极的应对策略吗?你想不想停止使用这些策略?如果想，你会怎么做?记住，你可能需要帮助，特别是如果你已经这样做了一段时间，或者这件事让你感觉非常痛苦。

5. 给自己写一封信，就你的烦恼给自己一些好的建议。

我的日记

我的日记

chapter 5

第五章

建立你的勇气

这对培养心理韧性有什么帮助？

心理韧性的一个重要的作用就是在面对困境和痛苦时拥有继续向前或从头开始的勇气。仅仅告诉某人要有勇气是不够的，我们必须采取实际行动来培养勇气。

拥有心理韧性意味着相信自己能够完成困难的事情，并且不会被它压倒，这一切就源于有去尝试的勇气。同时，还要拥有敢于面对失败的勇气，并能从中吸取经验，从而让我们能在之后的尝试中取得成功。

因此，勇气和心理韧性是紧密相连的。勇气在前，韧性在后，它们相辅相成。韧性同样也会进一步让勇敢变得更加容易。

青少年的案例

让我们先来看一些青少年缺乏勇气的例子。我不是在评判他们，因为有些人确实正面对着极其痛苦的事情，其中许多人缺乏支持和鼓励，让他们拥有勇气就变得更加艰难。

罗曼非常讨厌上学。他每天早上起床之后，胃就会因为恐惧而疼痛，心跳立刻加速，身体非常不舒服。如果他和爸爸在一起，他的爸爸基本上都会同意他留在家里。如果他和妈妈在一起，他的妈妈会想方设法让他去上学，但常常也不忍心强迫他去。罗曼感到如释重负，但内心还是有一种不好的感受。他为自己的害怕感到羞愧，但又无能为力。他的妈妈经常问他为什么这么讨厌学校，他自己也不知道答案。对他来说，学校里充满了令他恐惧的事情：人们盯着他看，希望他举止得体；他不确定谁会是自己的朋友；他难以一直集中注意力；他担心被问到问题却答不上来……对此类事情感到恐惧似乎不太理智，但他确实就是如此。

罗曼知道他必须要去上学，但绝不是今天。拜托了，不要是今天。也许下周？这个想法让他感到很难受。难道他可以一直逃避，直到年龄大到彻底不用去学校为止吗？

所罗门不讨厌学校，但他讨厌班上的几个男生，他们让他的生活变得很艰难。他们总喜欢找麻烦，所罗门现在就是他们的目标之一。所罗门喜欢在课堂上保持沉默，最近他终于敢回答了一个问题。一个女生说："哇，他会说话！"大家哄堂大笑。从那以后，那些讨厌的男生就开始欺负他。现在他只想保持沉默，再也不愿说话了。他在书面考试中取得了很好的成绩。他现在害怕被要求在全班面前做任何事情，每个人的笑声似乎都证实了他是"害羞"的人，他就应该继续保持沉默。

所罗门知道他终有一天要在公共场合发言，但他一直在害怕。班上每个人都要轮流做一个关于自己感兴趣主题的集会演讲。很明显，所罗门还没主动报名。他希望一直逃避演讲。

塔莉娅9岁开始上马戏学校。那是奶奶为她安排的暑假特别项目，她非常喜欢。在接下来的几年里，只要一有时间她就去上课，课余时间她也在家里的蹦床上练习杂技动作。一天，她不小心在落地时扭伤了膝盖，疼痛难忍。在3个月枯燥乏味的康复过程中，塔莉娅产生了一个非常大的恐惧，她害怕这种情况再次发生。她的大脑开始胡思乱想，反复出现想象中的事故画面。当她回到马戏学校时，她再也找不到勇气了，有太多的恐惧了。她的老师和蔼又可靠，但是塔莉娅自己不能承受这种失望，她觉得自己的梦想已经破灭了。第二天，她没去马戏学校。

塔莉娅真的想要能够再回到马戏学校，但是万一发生什么呢？也许她再也回不去了。

罗曼、所罗门和塔莉娅都在害怕着什么，他们并不是主动选择这样的，但他们目前还没有勇气面对这些困难。他们对可能发生的事情感到非常悲观，非常担心结果会很糟糕。这种消极、悲观的情绪让他们选择回避那些原本可能改善他们生活的事情。他们需要帮助和支持来找回勇气，这样，他们才能使自己的心理韧性更加强大，不仅能面对现在的问题，而且能够面对生活中其他的挑战。

什么是勇气？

不害怕并不等同于拥有勇气，没有恐惧的人未必有勇气。勇气意味着害怕某些事情，但依然会去做。

勇气也需要智慧和理智。勇气是能够看到潜在的风险，并运用能找到的信息去仔细评估。当你知道有风险，仍然决定去做这件事，勇气会帮助你做好心理准备，鼓励你去完成。

在生活中，需要勇气的时刻很多。你可能需要鼓起勇气去参加学校社团的面试，或者申请课程和工作等等；你可能需要鼓起勇气和心仪的人说话，或者在发现彼此的关系已经无法继续时提出分开；你也许需要告诉你的家人，你不想做他们一直期待你做的事情；你可能需要为你所相信的事情站出来，或者说出一个可能会让某些人不喜欢听的真相；你可能发现你自己是欺凌或仇恨的受害者，你也许需要支持那些处于这种困境中的人；你也许犯了大错，需要道歉或是承认错误。

当我们害怕某些事情，也知道做了会更好时，我们需要的就是勇气。我们要想清楚做这件事的好处，也许我们会感到自豪，也许我们会玩得开心，也许这个机会可以引领我们达到某种目的。我们会交到朋友，我们会提升自己的知识和技能。总之，预期的收益大于恐惧，勇气会帮助我们做出决定。

恐惧症该怎么办?

恐惧症是一种对特定事物的强烈的恐惧。不管恐惧症的对象是常见的（例如害怕蜘蛛），还是罕见的（例如害怕毒蛇），它对受此困扰的人来说都是真实的。我们通常称这些恐惧是“非理性的”，但这并不意味着这是愚蠢可笑的！恐惧症的原因也许是显而易见的，也许是难以追溯的，但当我们说“非理性的”时，我们的意思就是指这种恐惧反应比它应有的反应要更强烈，你大脑中理性的部分很难克服恐惧的情绪。

以黄蜂为例，当一只黄蜂落在你的手臂上或者是飞到你脑袋后面时，你感到焦虑是很正常的。但是，如果你的恐惧让你疯狂地尖叫或剧烈挣扎，这可能就是“非理性的”。因为你大脑的理性部分应该告诉你，这样做只会激惹黄蜂，很显然这并不是你想要的。如果你对某种事物有强烈的恐惧，你可能尖叫或挣扎，或者你会发现要控制住它极其困难。你的心跳会加快，压力反应会达到高峰。黄蜂能引发许多成年人产生这样的反应！

所以，恐惧症是指你无法控制自己对某一特定事物的应激反应，你的恐惧超出了合理范围。当你患有真正的恐惧症时，鼓起勇气的确很困难。对于很多人来说，没有专业的帮助和治疗，是不可能做到的。

在本章开头的例子中，罗曼就有“学校恐惧症”。当他一想到上学，就感到恐惧，尽管他知道这不理智。如果你问他害怕的原因，他只能用情绪化的语言来解释："我讨厌学校，我感到非常不舒服，我在那里的时候非常恐惧！"与之不同的是，所罗门并不害怕学校，他害怕被嘲笑。面对恐惧，他们都需要心理韧性，这样才能抓住那些曾经不敢尝试的机会。

如果你有恐惧症，特别是当它阻止你做需要做或想要做的事情时，比如上学、见朋友、尝试新机会、参加活动等，寻求专业帮助是个明智的选择。将你的情况告知一个你信任的成年人，他们会告诉你如何寻求专业帮助。

如果你有恐惧症，不要责怪自己没有勇气，这就像责怪一个蹒跚学步的孩子为什么摔倒了一样不合适。

社交焦虑

社交焦虑也是一种恐惧症，是对与人交往的恐惧。和我们不熟的人交谈时，我们会感到有点紧张，这是很正常、很自然的。但有些人的感受会极度强烈，这种焦虑会主宰他们的生活，使得正常的人际交往变得格外困难。如果你有严重的社交焦虑，你可能需要专业的帮助来克服它，或者是从帮助社交焦虑者的机构那里获取一些建议。

与不熟的人交谈是一种很重要的技能。无论你是有社交焦虑，还是你只是觉得紧张和害羞，这都值得你尝试去掌握它。当你练习得越多，你就会发现越容易掌握。

如果你和很多人一样，在和不熟的人交流时，会紧张和尴尬，我这里有一些建议，可以帮助你鼓起勇气，克服这种恐惧：

1. 你要知道，大多数人在和陌生人交流时都会焦虑。这是很自然的防御机制，我们可能会担心他们嘲笑我们，或者是我们不知道该说什么。感受到别人在看你、在评判你，这也是很正常的。接受这些都是很正常的事情，本身就能帮助我们建立勇气。

2. 你得意识到，要克服恐惧，我们必须多加练习。这和其他技能一样，熟能生巧。

3. 你可以首先给自己定些小目标。不要期待自己一走进 个全是陌生人的房间，就能立刻开始轻松地聊天。你可以先选择一个小目标，例如询问店员某样东西在哪里，或者是在公交车上问问别人是不是坐对了车，或者是在食堂排队时对食物发表意见，或者是单独问问你的同学是否看过某个电视节目。

4. 和他人分享你的挑战，让他们支持你、鼓励你。告诉别人你正尝试在社交时变得大胆一点，让他们帮你设计一些小挑战。可以选择一个在社交方面不是特别自信的人，因为他们更能够理解你的恐惧。不过，其实大多数人都能感同身受，因为正如我说的，这是一种常见的感受。

5. 即使你不说话，也可以练习做眼神交流。这对有些人来说很困难，但你只需要每次看别人的眼睛几秒钟就可以了。如果你觉得这很难做到，那就从两秒钟的简单一瞥开始。我保证，这会变得越来越容易！

6. 在你的脑海中演练你想说的话。有时候我们可能没有时间这样做，但这的确是个好方法，尤其是在我们想说“正确”的话的时候。不过，不要排练太久，以至于错过了开口的最佳时机！经常有这种情况发生在我身上！

7. 在你鼓起勇气准备说话的时候，慢慢地做几个深呼吸，在你开口之前再做一个。当人们准备接受一个电台采访时，会被鼓励这么做，因为紧张会让声音听起来过于尖细或是喘不过气来，几个深呼吸可以很好地解决这个问题。

8. 请记住，人们在大多数时候并没有在看你。即使他们在看你，也只是因为在说话的时候看着对方是礼貌的做法，他们很少有别的想法。总之，有些人喜欢你，有些人不喜欢，你要做的是尽你所能地相信自己，相信自己的价值，相信自己有存在和被倾听的权利。

实践小活动

试试打个电话。

打电话对某些人来说非常困难，有时候甚至比面对面谈话还难，因为我们看不到对方的肢体语言，从而不知道什么时候该说、什么时候该听。但即使在一个邮件和网络互动的时代，打电话仍然是一个有用的练习方式。

那么，今天你能打个电话吗？你可以打给你认识的人，如果你愿意的话，还可以提前告诉他们你要这样做，并解释原因。你可以打给爷爷奶奶、外公外婆、叔叔婶婶或其他成年亲属，也可以打给某个机构或商店询问信息。

计划好你要如何开始对话，并准备好可能需要重复几次，因为往往人们在电话的前几句会听不清。

鼓起勇气的积极策略

下面是一些培养和锻炼勇气的方法。看看你能做到多少。也许，你可以选择今天就尝试做一个。

保持乐观

这一章的题目本来打算定为“建立你的乐观主义”，但我选择了“勇气”这个词。这比乐观主义更具有主动性，更加深思熟虑，更加自我尊重。乐观主义有一种“我相信好事会发生”的感觉，勇气给人的感觉更像“我能让好事发生，我能做到”。

乐观是双手合十，期待成功；悲观是闭上眼睛，等待灾难；勇气则是聚集完成任务所需要的所有力量和技能。因此，勇气比单纯的乐观更好一点，它会给你更多力量、更多心理韧性。

乐观主义也是一个很棒的性格品质，也很值得培养。我们要相信最好的结果是完全有可能的，而不是假设最坏的结果。乐观主义也是一种成长性思维。

我们应该如何培养乐观主义呢？如果我们目前还不相信好事会发生，尤其是当过去已经有不好的事情发生，我们如何开始相信好事可能会降临到我们身上呢？

乐观是一种值得培养的好心态。如何培养呢？本章剩下的部分会为你提供一些培养乐观和勇气的策略，从而增强你的心理韧性！

实践小活动

想想你自己。你觉得自己是一个总体上比较乐观的人吗？在以下情境中，选择最符合你感受的答案。

1. 如果我参加了抽奖活动：
   a. 我发现我自己会想："哦，想象一下，如果我赢……我能……"
   b. 我发现我自己会想："我从不会赢这些东西。"
2. 如果我参加了一个我还算擅长的比赛：
   a. 我会想象自己获胜，甚至会想象自己领奖的场景。
   b. 我不经常想象自己会赢，我会担心如果自己表现不好会是怎样的感受。

3. 如果老师即将宣读被评为三好同学的名单：

a. 我热切地希望自己的名字会被读到，如果真的被读到，我也不意外。

b. 我认为并不会是我，如果有我的名字，我会非常吃惊。

4. 如果我被告知在接下来的 24 小时，我要么会得流感，要么会有好事发生：

a. 我会猜是好事发生。

b. 我会猜是流感。

5. 我认为我总体上是：

a. 一个幸运的人，因为好事经常会发生在我的身上。

b. 一个不幸运的人，因为坏事经常会发生在我身上。

6. 当我连续遇到两件坏事时，我更可能这样想：

a. 运气不太好，如果我更小心点就会好起来的。

b. 第三件坏事马上就会来了，不是吗？

7. 当新学期开始时：

a. 感觉是一个全新的开始，我会比之前做得更好。

b. 我想知道这学期会出现什么问题。

8. 我听说从梯子下面走过或者打碎镜子是不吉利的：

a. 这只是个迷信，没有科学依据，所以我不会相信。

b. 因此，我得避免在梯子下面走，如果打碎了镜子，我会格外小心以避免霉运。

你可能很难决定某些答案，毕竟，情况总是千差万别，我们都会有时好时坏的几天、几周甚至是几个月。当事情进展不顺利的时候，我们很难保持乐观。请试着暂停工作或学习，运用你的想象力、真诚和对自我的了解，概括性地回答。如果某种情况对于你来说并不完全适用，你可以设想一下其他类似的情况。

你给出的“a”越多，说明你总体上或此刻越乐观。6到8个“a”表示你非常乐观。6到8个“b”表示你还是有些悲观的。4到5个“a”或“b”表示你处于中间位置，既不特别乐观也不特别悲观。不过，这也许是因为最近你遇到了一些好事或者坏事，如果在另一个时间回答这些问题，也许你的感觉就不是现在这样了。总的来说，你的答案能让你感知自己有多么乐观或悲观，这对你了解哪些方面需要改进是很有帮助的。

创造属于你的好运

你现在知道自己更倾向于一个乐观主义者还是悲观主义者了。类似的问题还有：你认为自己是一个幸运的人还是一个倒霉的人呢？

很难否认，有些人似乎会比别人更幸运。运气决定了你由哪些成年人抚养，他们是否能够给予你成长所需的全部的爱；决定了你的家庭是否有足够的经济能力提供舒适的住所、食物、衣服等。从你出生的那一刻起，运气在你拥有的机会和经验中就已经起了作用。你也许会遇到一些人，他们似乎老是遭遇可怕的事情。好的运气不是值得骄傲的事，只是值得感激，坏的运气也不是应该感到羞耻或自责的事。

然而有研究表明，我们的某些行为可能会影响我们所经历的事情。心理学家理查德·怀斯曼（Richard Wiseman）在他的著作《运气因素》（*The Luck Factor*）中对此进行了论述。他和他的研究人员对自称运气很好或是很差的人的行为展开了很多研究。研究的结果同样告诉我们，我们不应该因为运气不好就责备自己，而且它确实让我们看到了一些希望，它似乎表明我们可以通过某些行为来增加获得更多积极机会的可能性。

比如，怀斯曼描述了他做的一个实验：把一个自称幸运的男士和一个自称不幸的女士放在完全相同的环境里，他们会怎么表现呢？他们的行为是否能解释他们对自己幸运或不幸运的看法呢？

实验的设置完全相同，只是在不同的时间进行。这个男子注意到了人行横道上的五英镑纸币，女子从旁走过了，没看见。怀斯曼的研究人员在咖啡馆里安排了演员，这个男子和一位扮演商人的人进行了交谈，女子没有和任何人说话。之后，两个人向研究人员描述了他们一天的经历，结果大相径庭。男子提到了钱和有趣的谈话，女子觉得她的一天没什么好说的。

这只是两个人的例子（怀斯曼和他的同事的其他研究涉及更多的人），而关于他们为什么会有这样的行为，有很多解释：也许这位女士很害羞，或是身体不舒服，或者只是不想说话，这完全是她的权利；也许这位女士在文化上觉得与陌生人特别是男士交谈是一种禁忌，所以她保持沉默；也许她只是在专注地思考什么，并不想与陌生人闲聊；也许这位男士当天状态很好，故而觉得一切都很顺利。因此，就实验本身而言，这不是一个强有力的、令人信服的科学依据。

不过，这个实验以及怀斯曼做的其他实验，也许也能说明一些问题：

♥ 如果我们保持警觉，我们更有可能看到机会。

♥ 如果我们勇敢地与人交谈（如果合适的话），我们能够从生活中获得更多，因为你永远不知道交谈会擦出什么火花。

♥ 与其等待大门为我们敞开，不如我们自己为自己打开大门。

♥ 积极的生活态度和充满活力的处事方式会带来好处，建立关系，激发灵感。

♥ “幸运”不总是纯粹的随机事件，我们有时也许可以影响它。

怀斯曼谈到的“运气原则”包含了四个因素：最大限度地利用机会，相信你的直觉，期待好事发生，把厄运变成好运。

下面举例说明一下我们在生活中该如何运用这些原则：

- **最大限度地利用机会**：报名参加试镜，决定开始一个新的爱好或运动，参加一个新的课外活动，在课上认真听讲。
- **相信你的直觉**：决定不参与朋友挑战规则的行为，因为你知道这不理智；在户外行走时保持警觉，你会注意到更多，包括好事（捡到五英镑）和坏事（危险）。
- **期待好事发生**：当你开始考试时，相信自己能考好；当你参加比赛时，相信自己能赢。
- **在每个挫折中看到好的一面，把厄运变成好运**：如果你受伤了，庆幸自己没有伤得更重，并对他人给予你的善意表示感谢；如果你考试失败，明白当你最终成功的时候会感到更棒，失败是成功之母；如果一段友谊破裂了，提醒自己，在裂痕加深的情况下，无论如何它最终都会破裂，至少现在的负面影响会比以后小些。

在可能的情况下，做上面的所有事情，这会让你有更乐观的视角，并增加好运发生的机会。请记住，如果真的发生了不幸的事，这并不意味着你失败了。

知道自己可以做一些事来增加好运，这会让你感到乐观，这也会帮你找到继续尝试的勇气。

实践小活动

下次出门时，花一个小时（或者你觉得合适的时长）观察周围。如果你在街上或者公共场所，看看能否找到别人掉落的硬币。不要仅仅盯着地面，还可以观察人，想象一下他们是谁、他们要去哪里、他们可能过着怎样的生活。注意树上的嫩芽，试着发现三种不同的鸟和三种不同的昆虫。发现一些你不认识的东西，然后在有机会的时候，试着了解它是什么。你将会敞开心扉，拥抱新体验，这是你成为“幸运儿”的第一步。

面对现实

让我告诉你一些可能你太不想听的事：你不可能做成所有事情；你不可能成为“任何你想成为的人”；你的一部分梦想不会实现。

没有人能拥有自己想要的一切，除非他们想要的确实很少。如果你有远大的梦想，正如我认知的那样，你可能不会全部都实现。不过你可能会在很多事情上成功，甚至不会再在意那些你未能实现的目标，这也是极好的结果。

你已经实现的一些目标和没有实现的目标组成了你丰富的人生。

其中的秘诀就是要志存高远，甚至要有一些你知道不太可能实现的梦想、期待和野心。如果你努力工作、好好学习并且恰好幸运，这也是有一定可能实现的。但同时要认识到这些梦想也可能不会实现，你可能会“失败”。

拥有心理韧性就在于你如何处理失败，而不是仅仅通过设定较低的目标来避免失败。

志存高远，意味着即使失败时也不要责怪自己。不要自欺欺人地认为一切皆有可能，因为这样的话，当没有实现你想要的一切时，你就会责怪自己，而无法为自己取得的成就感到骄傲。

发现你的习得性无助

我们的很多行为都是“后天习得”的。换句话说，通过日积月累，我们已经学会了一些应对行为，来应对发生在我们身上的事情。比如，我们学会了不要碰烫的东西，因为我们经历过碰了之后的疼痛。我们看到（或想到）自己喜欢的含糖食物时，就会想吃，这是因为我们习得了自己喜欢的味道和口感。

一个人在课堂上认真听讲，受到老师的表扬，或他发现自己学得很轻松。经过日积月累，这种行为就会以多种方式自我复制。他们就成了老师眼中认真听讲、表现出色的人。

然而，另一个人可能因为没有体会到认真听讲的好处，便学会了在课堂上调皮捣蛋。也许他们曾经听得很认真，但还是听不懂，这种感觉让他们很沮丧。

我们会习得好的行为和坏的行为。你也许会学会仁爱、善良和慷慨，那很棒！但人们也会学会欺负别人，因为有些人喜欢那种感觉“强大”的体验，但这是一种糟糕的行为。

想想一天中你所做、所说、所想的很多事情，你就会发现其中很多决定都是以你过去习得的经验为基础的。

“当我做那件事时，发生了这样的事情，所以如果我再做那件事，那么可能还会发生这样的事情，所以我不会再做那件事。”你可能没有注意到自己在这样想，但在某种程度上，你确实在这么想，而且我们一直是这样的。

“习得性无助”是指一个人，通常是从小时候开始，就有很多不成功或是解决不了自身问题的经历。想象一下，如果下面的一些或全部的事情经常发生在一个小孩子身上会怎样：

- 他们被本应该照顾自己的一个或多个成年人伤害。
- 当他们需要帮助时，没有人理睬他们。
- 他们没有感受过他人无条件的爱。
- 他们经常被期待完成一些自身不可能做到的事情，做不到的时候还会被指责。
- 他们被批评或被说成是没用的、愚蠢的、可悲的、可笑的。

你可以想象，这样的孩子在成长的过程中，必然不会对自己的能力和潜能感到自信。他们会认为事情会出错，会感到无助。他们可能会相信自己不会成功，就停止尝试任何可能成功的事情。这样的孩子很难有心理韧性，因为这些负面的经历会削弱他们的力量。他们也会感觉到，在这样的负面情绪和挣扎中继续前行需要更大的勇气。

还有一类孩子，他们在与同龄孩子相比之下，也会更容易感到缺乏自信和无助：

♥ 他们的父母总是事事代劳，没有教他们如何自己动手完成。

♥ 他们的父母总是帮他们解决问题。

♥ 他们的父母会过度保护他们，防止任何小的危险发生，以至于他们没有机会面对挑战。

这样的父母通常被称为“直升机父母”。他们不愿意让自己的孩子遭遇任何不顺利的事情，他们会一直在孩子上方盘旋，在问题影响孩子之前俯冲下来把问题解决掉。然而，这些孩子也习得了无法自己解决问题的观念，他们知道自己在问题发生时无能为力。

如果你属于这两类之一，你可能会感到脆弱，并有一种无力感。但本书的核心内容就是你可以学习，并且你也能够比自己想象的做得更好。即使你有一个困难的起点，你仍然可以变得很坚韧。

在你这个年龄段，没有人应该是无助的：你们都有力量和能力去掌控一些事情。学着相信并感受自己并非是无助的，这将增强你的勇气，从而培养你的心理韧性。

实践小活动

想想你现在能独立做的三件事，而这些事你在五六岁时是做不到的。不要只想数学、历史这些以学校为基础的事情，想想更多普通的技能。例如，你能自己去朋友家或选择如何打发空闲时间吗？你能在网络上查找信息吗？你能自己去图书馆或商店吗？你能打电话吗？

现在也想想你还不能独立完成的事情，尽可能地写下你能想到的事情。有没有一些事情是你被允许做，但你因为紧张而没有去做的？为了离这个目标更进一步，你可以采取哪些措施？

你认为下一步应该怎么做，才能让自己变得更加独立并能对自己负责？你能和一个成年人讨论一下这个问题吗？

风险评估

无论年龄大小，人类在判断风险方面往往都表现得不够准确。我们容易对风险很小的事情感到害怕，但又常常轻易做出更高风险的事情。一个非常典型的例子是，大多数人乘飞机时会比乘车更焦虑，尽管统计数据显示，按行驶里程计算，车祸的发生率远比空难高。

我们每天都在有意或无意地权衡风险，然后得出结论，但这个结论往往是错误的。不同的人能适应不同程度的风险，这更多是一种个人感受而不是对风险的客观衡量。我会更愿意承受流感的风险，而不是感染诺如病毒，因为比起发烧的糟糕的感受，我更害怕呕吐和恶心。但是得流感事实上比感染诺如病毒更加严重，我的健康会面临更多风险。

这和心理韧性有什么关系吗？其实，缺乏心理韧性往往和错误的风险评估有关。我们可能会因为之前的糟糕经历或是过度的想象，而对某件事产生无益的恐惧。

因此，如果你能更冷静、理性地评估风险，你在面对不好的事情时，或者当这些事情发生后，心理韧性就会有所提高。这并不容易，特别是对非常焦虑的人来说，可能会更难，但这又并非不可能！

实践小活动

在面对担忧的事情时，你可以按以下的步骤来行动：

1. 问问你自己，可能发生的最坏的情况是什么。

2. 然后再问问自己，这种可能性有多大。如果你有能力的话，找一些实际的科学或统计数据。不过有时很难找到这些数据，你也可以问问一些成年人的看法。

3. 问问你自己，哪些坏的情况更有可能发生。

4. 那么最好的情况又是什么呢？

> 5. 最后，问问自己可以做些什么，让最好的情况更有可能发生。然后去做！如果很难做到，就把注意力转移到可控的事项上。

一旦你提醒自己，人类一般都不善于判断风险，那你就可以开始主动了解真实的风险，进而对可以从容应对的风险做出更有力的判断。

接下来，我们就从这一点开始。

理智地展望未来

我们不知道未来会发生什么，但我们却经常试图去猜测。这就意味着，我们会花很多时间担心我们无能为力的事情。你是否曾经在夜里担心“如果……”，然后在脑海里上演一个灾难性故事？这可不利于你入睡。

这里有展望未来的四个明智且有用的方式。我认为，我们应该全都去做，它们会帮助我们鼓起勇气，进而增强心理韧性。

1. 想象你担心的事情快要结束时的场景。当对某件事情焦虑不安时，我们很可能是被这时的感受压倒了。我们忘记了事情很快会结束，当事情结束时，我们又会是另一种感受。有时，压倒性的焦虑会让我们无法发挥出最佳水平。如果是这样，一个有用的思考方式是："想象一下，如果没有尽最大努力，我事后会有什么感受？如果我克服了恐惧，全力以赴，又会有什么感受？我要怎样才能确保实现那种感受呢？"

2. 思考可能出现的结果，并为此做好准备。这是一种非常实际的思考方式。只关注自己可以做的事情，这些事情是很值得花时间去做的。如何让积极的结果更有可能发生，同时减少消极结果的影响？

假设你正面临一场重要的考试，只有通过考试才能参加你非常想学习的课程。你可能拿得到你需要的成绩，也可能拿不到。我们先来想象一下成功的结果，那你可以做些什么来增加成功的可能性？你需要寻求什么帮助？你需要怎样的计划和组织？你需要多少小时的付出？你应该什么时候开始？

现在想象一下，如果你没通过（尽管你做了所有事情，或者可能因为你的计划没能顺利进行），你会有怎么样的感受？你会如何让自己振作起来？你可能会需要谁的帮助？你会给自己一些时间恢复吗？你会重新参加考试吗？还有其他方法来达成你想要的目标吗？也许你可参加不同的考试。

3. 想象一下，如果一切顺利，你的未来会是怎样的？积极的视觉化想象是高水平竞技运动中常用的技巧。其原理是你仅仅通过想象自己成功的样子，就可以让你的表现有一点点的提高。可能只是很小的变化，但是累积起来就会很有意义。比赛可能以几分之一秒的差距取胜，考试可能以一分之差及格。

如果积极的想象可以影响你的体能表现，例如速度、力量、技能等，那么你的心理表现也是十分重要的。毕竟，体力和脑力活动都是从大脑开始并相互影响的。认为自己做不到会让你裹足不前，不尽全力，在必须放弃之前放弃。所以，相信成功是可能的，并且通过想象成功的感觉来强化这种体验，可能会让事情截然不同。

例如，这是你的篮球队要进行一场非常重要比赛的前一天，你可以想象赢了是什么感觉？你会感到热血沸腾、精力充沛吗？当你进球时，会是怎样的感觉？

你越是这样想，你就越有可能像一个乐观主义者一样思考，像那些总是相信好事会发生的人一样。你会感觉到勇敢、机警、随时准备行动，而不是消极和恐惧。

4. 想象一下，如果事情很糟，但是你应对自如，坚强地走过来了，你会有什么感觉？既然你知道事情有可能出错，有时并不是我犯了错，有时是因为我们在那天没有发挥到最好，但为此做的准备还是很值得的。重要的是不要沉溺于有可能发生的负面情况，不过给这些情况留一点空间还是值得的。如果你能想象出该如何应对、如何前进，你的心理会更加有韧性。

例如，还是之前那场篮球比赛，想象一下，你犯了个错误，把球传给了对手，他们继而得分，或者你没投中本该投中的球，这时你会沉浸在尴尬的情绪中，影响接下来的表现吗？还是会迅速抛开这种感觉，集中精力从现在开始把事情做好？你会责备自己，还是会对自己说些鼓励的话，提醒自己可以做到并保持专注？

然后，当你这样去做，想想你会多么自豪，因为你能够抛开这些负面情绪，并没有让它们拖累你。这样，你会变得更加具有心理韧性，能够从这些“失败”或挫折中迅速复原。

在后面的章节里，我们将要讨论一下如何真正构建你的未来，而不仅仅是设想未来。

挫折之后重获勇气

我们在之前的内容里，一直在讨论如何在可能的困难和挑战发生之前鼓起勇气。但是在受到伤害之后，我们又如何重新培养自己的勇气呢？这其实并不容易，因为你的直觉会告诉你，这种事情可能会再次发生。不过心理韧性恰恰正是与如何重新振作相关，所以你需要怎样积累你的“勇气库存”呢？

试试下面的建议：

1. 记住：你熬过来了，你可以再做一次。

2. 问问自己：你比你想象中应对得好还是差？你可以

从中学到什么，以便在必要的时候有勇气再次面对？如果你有写日记的习惯的话，那就把你的想法写下来。

3. 如果这是你必须再次经历的事情（比如考试），你在下一次如何表现得更好？如果这是你不希望再经历但又无法控制的事情（比如丧亲之痛），那么可以思考两个问题：（1）如果再经历一次，你从这次当中学到的什么能够对你有所帮助？（2）怎么确保把这种恐惧限制在你能掌控的心理空间内，你需要什么帮助吗？

4. 有时允许自己表达情绪，并为之做好准备。大哭、大笑甚至生气都没关系。现在看看是否能将这些情绪转变成勇气，因为你已经熬过来了，所以你可以再试一次。

反思与回顾

你读了罗曼、所罗门和塔莉娅的故事。我说过：“罗曼、所罗门和塔莉娅都在害怕什么？”你可以说说他们每个人内心深处都在害怕什么吗？你会对他们说些什么吗？

在附录中，你可以读到我对此的答案。

总 结

勇气并不意味着不害怕，而是控制住恐惧，让它不会阻止你去做你自己有益的事情。当我们相信好的结果是可能的，知道我们可以做些什么让好的结果更有可能发生时，产生勇气就变得更加容易。在预测到不好的结果将发生时，勇气帮助我们知道该如何应对。我们有信心自己可以应对，重新振作，再来一次。

你需要通过尝试、练习以及一些其他技巧来锻炼自己的勇气。每当被打倒后，你能重新站起来，鼓起勇气继续尝试，这就是心理韧性。你每次尝试都是在培养它，也是让自己在下次狂风暴雨来临时不再那么容易被击倒。

培养勇气的最佳技巧

1. 关注生活中你会的事情。列出一个清单，包括身体技能、学业技能、你已经学会的知识的种类、你交到的朋友。
2. 记住成长型思维的原则，我们通过实践和练习来学习。如果我们一步一个脚印，我们就可以学会那些很困难复杂的事情。技巧和能力是我们可以不断发展的东西。
3. 牢记生活中起步很艰难的人，仍然可以和其他人一样取得成就，甚至其中一些人会因为自己的遭遇而变得更加强大。
4. 牢记事情从不像我们想的那样糟糕，我们常常会处理得比自己预期的更好。记住那些你能应对的事情，想想下次怎么通过你已经学到的技能去更好地应对。这些都会使你变得更有韧性、更强大、更勇敢！

♥ 日记时间

除了实践活动，这里还有一些你可以记录在日记里的内容：

1. 你从本章节中学到的三件事。

2. 你对本章开头的那些人有认同感或同理心吗？

3. 想想你曾经很勇敢的经历，当时发生了什么？你在那之后有什么感受？

4. 想想你曾经没有那么勇敢的时刻。如果你再面对那样的情境，你会表现得不同吗？

5. 你认识哪些勇敢的人？为什么你觉得他们勇敢？你可以从他们身上学到什么？

我的日记

我的日记

chapter 6

第六章 建构你的未来

这对培养心理韧性有什么帮助?

憧憬未来也许是令人兴奋的，也可能是令人恐惧的，或者两者兼而有之。我们都需要有梦想，有时我们的梦想会成真，有时则不会。无论是梦想破灭，还是新机遇的大门向我们敞开，心理韧性都能帮助我们应对将要发生的事情。新的机遇对我们来说可能是好的，也可能是坏的，甚至可能让人望而却步。我们需要有能力发现机遇，同时判断是否应该抓住它。

你应该做什么来抓住实现梦想的最佳机会呢？即使是通过那些和你原先设想的完全不同的路径，如何抓住合适的机会？当生活的风暴妨碍了你前进的道路甚至改变了你的方向，你又该如何不沉沦并且继续前进呢？

这一点的关键在于相信自己有一个积极的未来，并且相信自己值得拥有这个未来。如果说心理韧性是为未来增强我们的力量，那么前提是我们必须相信这个未来的存在。网络、技能、应对策略和勇气，这些在前面几章讨论的主题，只有在我们相信有未来需要自己坚强面对时，才会对我们最有用。

青少年的案例

看看这两个案例中的青少年，他们是如何看待自己的未来的?

凯西娅的家人希望她从医，她的父母是医生，祖父是外科医生，她的姐姐也已开始接受医学训练。凯西娅起初很乐意接受家庭的医学传统，但随着申请大学的时间越来越临近，究竟应该选择综合院校还是医学院？她心里产生了很大的疑问。她真的适合当医生吗？这真的是她内心想要的吗？妈妈让她不用担心，说一旦进入医学院，她就会遇到一个自己喜欢的专业方向。

凯西娅躺在床上，睡不着。她了解的有关医生的一切都不是自己喜欢的，她热爱阅读和写作，她开始梦想成为一名作家。

凯西娅向父母提出了她的疑虑，并说她想上创意写作课。妈妈说：“宝宝，你以前总是能写出精彩的故事，但这不能挣钱，你需要的是一份合适的职业，而不是成为一名充满不确定因素的作家，这太冒险了！”凯西娅试图争辩，但是无论她说什么，父母总有合理的答案等着她。她似乎别无选择，只能选择学医。

迈克尔有着不同的家庭生活：父亲在他很小的时候就去世了，妈妈一直在与抑郁症进行斗争，迈克尔经常不得不留在家里照顾妈妈，他不敢想象出去上大学。他的祖父母总是和他谈论，让他像自己的父亲一样，当个水管工，过上体面的生活。他的家人都没上过大学，他为什么要上呢？他双手灵巧，学习能力强，当个水管工，这样不就足够了吗？

但迈克尔的几位老师都建议他应该试一试。最近，他在一个企业项目中表现出了出色的领导能力。当他的年级主任也建议他攻读商科学位时，迈克尔很震惊——那是一种兴奋、害怕和自豪交织在一起的感受。

“绝不可能！我做不到！”他给出了各种理由来解释为什么他不能这样做。但在内心深处，他暗自思索：“我能吗？”随着这个想法的滋长，他对此也越来越感到兴奋。

凯西娅正被推向一个父母一直期望她从事的职业，但她开始意识到这可能并不是她真正想要的，也不适合她。她父母观念有些狭隘，对她有着特定的专业期望。迈克尔所在家庭的观念也比较狭隘，和凯西娅父母不同的是，他们对迈克尔没有学业上的期望。

想要变得坚韧，我们需要相信未来由自己掌控，大部分选择权在我们手中。我们可能会犯错，即使犯错了，也可以努力去纠正。前面所有的章节都在指向这一点，让你的心理韧性能够帮你建构一个积极的未来。凯西娅和迈克尔需要找到对自己有利的未来，他们需要按照自己的方式取得成功，拥有适合自己并且能够出色完成的工作。他们需要看到眼前的机遇之门，更要有勇气推开这扇门。当你尚未实现目标时，你要如何给自己创造最大的机会去建构未来，让自己保持坚韧，努力实现理想呢？

设定目标

设定一个目标，并不意味着一定要有一个长期目标或者最终目标。如果你不知道自己想成为什么样的人，也没问题。设定一个目标，可以是任何或所有你想要实现的目标，无论是现在、今天，还是本周或将来，它可以是小目标，也可以是大目标。设定一个目标，不需要是固定不变的，也不需要很严谨，它可以是模糊和笼统的。目标可小可大，只要它能推动你朝梦想的方向前进。设定目标，意味着有目的地做一些事情，而不是任意偶然地做事情，也不是默默等待着事情发生在你身上。

你不必时刻想着自己的目标，这是不可能的，而且会让人筋疲力尽。我们做很多事情时并不会一直想着原因，甚至有时你即兴地做一些事情，结果也会非常好。

但有目标的感觉对激励自己是很有帮助的。当我们意识到我们所做的事情有意义时，大多数人都会感觉更好。事实上，当我们认为自己毫无意义或没有目标时，通常是感觉最糟糕、最脆弱的时候，我们的心理韧性就会减弱。

如何找到自己生活中的目标呢？让我们一起思考，无论大小，看看如何将目标融入生活。你会发现，这比你想象的要容易得多！

你需要的技能和知识

如果你喜欢学习，你可能会发现学习新技能很容易，但通常我们不知道该从哪里开始。比如人们经常说“我希望自己能唱得更好”，但他们没有行动。因此，建构性思考可能会是一个好主意。

♥ 你是否想提高自己的运动、艺术或音乐技能？你今天朝这个方向做了哪些努力？

♥ 有什么是你很想了解的吗？如果有的话，那你能做些什么来实现这个目标？

♥ 你有把你喜欢的阅读、写作、数学、历史、科学等学得更好的决心吗？如果有，那这种动力就可能会激励你在这些科目的课堂上认真听课。

♥ 你有喜欢的职业吗？你不一定现在就要下定决心，但你认为哪些科目或课外活动会适合这个方向？你还有其他朝这个方向努力的选择吗？

你想成为的人

我不希望你从本质上改变自己，因为你是谁很重要，也很有价值。但你可能有想要提升的地方，也有想要克服的问题。你是否觉得有一些自己引以为傲的行为或习惯会阻碍你达成目标？这里有一些建议可以帮助你梳理思路：

♥ 你性格上最大的优点是什么？写下三件你本周内可以进一步强化这一优点的事。

♥ 你性格中有哪些弱点？选择一个，并写下你每天可以着手去克服这一弱点的事情。

♥ 想象你在未来会做下面的哪件事情（你也可以选择几件）：

* 作为团队的一员在办公室工作
* 领导一个团队在办公室工作
* 自己在家工作
* 独自一人或是与其他人一起在户外工作
* 和数字或文字打交道
* 视觉创意，例如设计或艺术
* 制造东西
* 做一份对你来说不是很重要但能给你带来收入的工作
* 做一份让你愿意长时间投入并且对你来说很重要的工作
* 经营自己的企业（并雇佣其他人），承担风险但也获得满足感
* 你身边有很多人
* 做一份压力很大的工作

你会如何处理自己的答案？当你选择要参加的活动、科目和努力的方向时，请记住它们。当然，你也要保持开放的心态。

健康的身体

你的健康对你的现在和未来都很重要。饮食、锻炼、睡眠会产生长期和直接的影响。我们更容易关注即时和短期的影响，因为当我们直接注意到影响，而不是等待很长时间时，我们往往会有更强烈的反应。所以，尽管我鼓励你们建构自己的未来，但是做好现在的每一步才是为未来奠定基础的关键。以下是一些能确保你立即采取行动的方式：

♥ 你有多样的健康饮食习惯吗？我们需要足够的食物营养来保持大脑和身体的能量，让身体变得强壮，还需要多种类的食物来确保我们的皮肤、指甲、头发、眼睛、大脑、骨骼等得到营养。

♥ 你对食物有积极的态度吗？很多人并没有。所有年龄段的人都可能与食物有消极的关系，有时吃得过多，有时吃得太少，甚至有些人认为食物是敌人，认为它是需要控制的对象，或是反过来被它所控制，他们经常对吃东西感到内疚或焦虑。这背后的原因有很多，比如进食障碍，这是一种需要药物治疗的疾病。严重的进食障碍是致命的，所以，如果对食物和身体的看法有问题，请寻求医生的帮助。更早地发现问题，治愈的可能性也会更大。

♥ 你的骨骼和肌肉是否强壮，足以维持身体健康？大家知道规律且多样的体育锻炼对身心健康很重要。从长远来看，你现在所做的努力会强化成年后的身体机能，有效避免一些健康问题。

- 你通常睡眠质量好吗？偶尔睡不好是正常的。良好的睡眠习惯将让你终身受益。
- 展望未来，你的整体健康和体能将帮助你实现你的目标，其中一个原因就是你会更少请病假。然而，如果你经常有轻微的疾病，如咳嗽、感冒或胃部不适，也不要焦虑，这在年轻人当中很常见，你与很多人有密切的接触，这使你更容易被感染，这并不意味着成年之后的你也会经常生病。
- 你可以通过简单的健康措施来改善你的头发、皮肤和指甲。良好的饮食和锻炼习惯是一个很好的开始，还要记得多喝水，少吃糖，保持良好的卫生习惯。许多人有痤疮、指甲脆弱的问题，你可以在专业医疗网站上找到可靠的建议，而不是找那些试图向你出售昂贵产品的网站。你的头发、皮肤和指甲会随着岁月的流逝而自然地发生变化，许多问题也会自行消失，但照顾好自己的身体应该是你一生的好习惯。

健康的心理

不要期望你的生活没有烦恼，没有困难。每个人都会经历低谷时期。这本书讲的是如何走出困境，再创辉煌。以下是一些促进心理健康的建议：

- 要相信，随着年龄的增长，你的精神内核会变得更强大，每一个困难都有可能让你变得更强。
- 期待好事发生在你身上，如果坏事情发生了，你也可以处理它们。不要沉溺于担忧，允许它们暂居脑后，并意识到它们偶尔还会爆发出来，甚至在一段时间内主宰你的思想。届时请把沉溺在忧虑之中的想法丢弃掉，继续你的生活。

♥ 当你让担心的事情发生时，要相信你的处理会比自己想象的更好。

♥ 记住，如果每一天、每一周发生的都是美好的事情，你就不会懂得感激了。你甚至会因为你比其他人幸运得多而感到内疚。所以要珍视挑战！

你期待的每一天或每一周

你的未来是由每分钟、每天、每周、每年、几十年组成的。你的长期未来是建立在短期未来种种大大小小事情上的。短期的事情通常更容易控制，处理好每一件都是让自己前进的一步。请记住，犯点小错误没关系。以下是一些思考方法：

♥ 你今天的计划和期待是什么？你想达到什么目标？写下一些具体的事情，比如，“复习生物考试的材料”或“午餐吃两种沙拉”或“向数学老师请教一些计算题”。你也可以写些更平常的，比如“在课堂上更仔细地听讲”。你只要写下一些细节说明你将如何做到这一点，例如，“当老师布置家庭作业时，我会集中精力把它写下来”。

♥ 你这周的计划和期待是什么？也许你会每天步行上

学，而不是坐公共汽车；或者你会在音乐、艺术、体育或任何你喜欢的方面取得进步。

♥ 想想“你想要的技能或知识”和“你向往成为的模样”。看看本周你能做些什么来实现这些目标。收益可能很小，甚至微乎其微，不过没关系，这只是未来的一天或一周而已。

你期待的每个月或每学期

一个学期是一段相当长的可以用来做出改变的时间，但又不至于长到看起来遥遥无期。以下是一些思考的方法：

♥ 你有上学期的成绩单吗？这学期你想提高哪些科目？你能想出一个或两个自己可以采取的实际行动来帮助实现这个目标吗？你也可能需要和朋友或者大人讨论这个问题。目标越具体越好，例如，“每天晚上 9 点半上床睡觉”就比“早点睡觉”这个目标要好；“在我做作业的时候关掉手机”就比“少用手机”这个目标要好。

♥ 当你犯了一个错误或出了什么问题，检查一下问题为什么会发生，看看你能做些什么来避免重蹈覆辙。我重申，你可能需要和别人来讨论一下这个问题。

♥ 如果你想要做出的改变太难了，你总是遇到挫折，无法成功，记得向一个值得信赖的成年人寻求帮助。可能是你给自己设定的目标太高了，或者没有能清楚地看到事情出错的原因。

♥ 认可并记录那些你做对的事情，把它们写下来激励自己，因为每一个进步都值得发扬光大。

保持开放

你对自己想成为什么样的人有一个非常强烈而坚定的想法吗？如果一切顺利，那很好，但如果不顺利呢？你可以通过更广泛培养技能来保持对其他选择的开放性，这样当原有的梦想受阻时，你就能更好地恢复过来。大多数学生对自己想要成为什么样的人没有特定的想法，所以学校倾向于鼓励你培养广泛的技能和兴趣，这是非常有益的。请尽可能多地抓住机会。

只有一个固定目标的另一个问题是，它可能会让你忽视一些更好的机会。你的兴趣可能会随着时间的推移而改变，例如，你可能现在认为园艺真的很无聊，但后来突然激发了对它的热情；你可能认为自己讨厌教书，但五年后它就变成了你喜欢做的事情；现在在商店工作可能会吸引你，但当你进入人生的下一个阶段时，你可能会改变主意。

我有两点建议：

1. 如果你确实有一种强烈的感觉，想要发展某个特定的职业，你可以遵循这个目标，但也要保留你选择的开放性。除非迫不得已，否则不要排斥其他的可能性。

2. 如果你不知道你想做什么，不用担心，尽可能多做尝试，不要关闭任何一扇门。

无论用哪种方式，请保持你的开放性！随着年龄的增长，它会帮助你更好地适应环境、技能、欲望和兴趣的变化。

有抱负，但要务实

既然你已经学会了如何保持乐观，也知道了成长型思维的重要性，这意味着你可以同时拥有远大的目标和现实的预期。

如果你不努力弹钢琴，却想成为一名钢琴家，光有野心是没有用的；如果你不投入无穷无尽的训练，你也不可能成为奥运奖牌得主。

对于你的未来生活，你可能会有很多的抱负。以下哪些是你最认同的？

- 生活充满刺激和冒险。
- 在乡下过着平静的生活。
- 过着热闹的都市生活。
- 有一份稳定的工作，薪水合理，并且没有压力。
- 做一个高水准、高要求的老板。
- 自己开一家小而有趣的公司。
- 生意做得很大很成功，雇佣很多人。
- 在创造性职业中取得成功，成为作家、画家、音乐家等。
- 以关怀的角色工作。

- 非常出名。
- 以任何可能的方式变得富有。
- 有一位志趣相投的伴侣。
- 有一个大家庭。
- 做一个好人。
- 投身重要的事业或支持慈善事业。

务实要从以下两个方向思考：

1. 你认为这些抱负在哪些方面适合你？
2. 你需要采取哪些步骤才能使抱负更容易实现？

在十几岁的时候，你可能会认为你做什么都无法让这些抱负更容易实现，某些情况下确实如此。但还是值得思考一下，什么让你兴奋，什么使你快乐，你想要什么。这些愿望也可能会改变，没关系，你现在并不需要确定自己将来一定要成为谁。

务实意味着你了解需要采取哪些步骤，以便实现目标，并在机会出现时推动自己朝着这个方向前进。它也意味着你在需要的时候能改变方向，灵活而不是故步自封。

务实也意味着接受我们希冀的事情可能不会发生。我一直想成为一名作家。二十年来，不管我怎么努力，这都没有实现。接受现实很困难，有时还会让人泄气，但我也有其他的抱负来让自己坚持下去，我不只有一个目标。我最终实现了我远大抱负的原因是：

- 我真的很想要实现它，所以我一直在努力。

♥ 我一直在学习，并采取必要的步骤来出版著作。我尽可能多地了解出版的要求是什么，不断提高写作和倾听读者的能力。

♥ 我很幸运。

运气对于我们是否能实现抱负确实有很大的影响，但你不应因此而退缩。成功不仅仅与努力、技能和毅力有关，运气也是一个重要因素。我们需要现实一点。记住这一点其实也很有作用，因为它能阻止我们完全归咎于自己。我之前讲过埃迪·贾库的故事，他既需要运气，也需要决心，才能生存下来，实现他追求幸福的抱负，而这并不影响他的成就。

当我们设定了务实的目标，并确定了实现目标的步骤之后，如果在过程中遇到挫折，我们更容易保持韧性。有时候，我们无法得到我们想要的，但是，如果我们设定务实的目标，并确定我们需要采取的步骤，我们就更有可能取得成功，也更能让自己在事情出错后振作起来，再试一次。你可以对自己说："有时候事情会出错，所以是时候重新评估一下了。有没有其他方法或者目标？"

回想成长型思维

成长型思维在这本书中经常出现，这是因为它鼓励我们相信，每当我们尝试去做某事时，无论是否成功，我们都在进步。令人鼓舞的是，我们所做的每一次尝试，即使我们没有成功，仍然在建立或加强我们大脑中的神经连接，积极有效地改变它们。

所以，当你思考你的未来时，记住你不需要对未来有一个清晰的愿景，成长型思维会帮助你一步一步地朝着目标前进，并创造出实现目标的最佳机会。虽然没有什么是保证可行的，但这并不会削弱你的信念，反而提醒你要继续尝试、学习、练习、倾听、努力工作，并在需要时寻求帮助。

成长型思维是心理韧性的基础。

了解自己的“心之歌”

我把这个留到最后，因为它是最重要的。也许这么说是因为它对我的帮助很大，但我希望它也能激励你。下面让我给你讲讲什么是“心之歌”。

一位能够非常睿智地运用科学知识、常识和人类直觉的医生（同时也是咨询师），曾经告诉我，我需要知道什么能让自己心潮澎湃，并确保能把它充分融入到生活当中。

“心之歌”是一种喜悦、满足、自我实现和幸福的感觉。它不同于幸福，幸福是持久的，是一种健康和充满力量的心境。“心之歌”可以持续一会儿（有时更久），但这种积极情绪只属于你自己，不属于其他人（当然，许多人从帮助别人中找到了他们的“心之歌”），它让你的心在歌唱。

“心之歌”不仅仅是你的大脑在快乐时产生的化学物

质，它还包括自豪、感激或快乐的感觉；它是那些出现在你脑海中的想法："我很高兴我做了那件事""我喜欢做这件事""这就是我"。

我们每个人会从不同的事物中获得"心之歌"，随着我们经历人生的不同阶段，这些事物很可能会发生改变。

你可以从小事或大事中获得"心之歌"。这里有一些想法，但你也可以想到不同的：

- 演奏乐器没有出错。
- 写一个故事，讲给大家听，有些人感动地落泪。
- 在舞台表演，让观众产生共鸣。
- 发表演讲，有观众为你鼓掌。
- 烤一个漂亮的蛋糕。
- 中彩票。
- 你喜欢的人对你微笑或者称赞你。
- 在周五完成所有的工作，周末好好放松一下。
- 入选校队。
- 在考试中得到满分。
- 和你的狗狗玩耍。
- 对你创作的画很满意。
- 和一群人一起唱歌。
- 观看自己喜欢的球队赢得比赛。
- 被称赞。
- 为你支持的慈善机构筹款。

♥ 因为有人为你精心准备了，所以可以吃到最喜欢的生日大餐。

♥ 任何让你引以为豪并花时间和精力努力去做的事情。

我的一个有价值的经验告诉我，“心之歌”有强有弱。理想情况下，不同的事情都可以给你“心之歌”的感觉，因为有时你无法实现大的事情（或者至少现在还没有），所以你需要小的事情来鼓舞自己。

就我而言，我深知我最大的心愿是出版书籍。每次失败，我都不得不重拾韧性，以便让自己重新振作起来，再次尝试。告诉我“心之歌”的智者指出，我也需要从其他事物中得到同样的感觉。例如，我的家庭，我的花园，我的创作爱好，以及我发表的较短的文章。每一件事，无论大小，都很重要，如果我注意到了，就会有更大的帮助。

关键是你需要知道并注意那些让你产生“心之歌”的事情，这让你对自己和生活有积极的体验。这种感觉可能只会持续几分钟，但你可以通过识别并重视它来使之持续更长时间。

一个实用的策略是前文的“哪些事进展顺利？”练习，因为它能帮助你产生一种积极的感觉、一种感激之情。

“心之歌”与你的未来有何关联？

当你所做的事情让你有“心之歌”的体验时，它会增强你的信心。当你以积极的眼光看待当下时，就更容易以积极的眼光看待未来，你会认为自己有能力去做影响未来的事情。我们从成功中获得“心之歌”，从那些充满积极肯定的场景中获得“心之歌”，从相信我们是重要的、我们有理由保持现在的样子、并努力变得比现在更好的信念中获得“心之歌”。如果我们能为自己创造一个充满“心之歌”的未来，无论是在哪个领域，无论是在个人生活中，还是在与他人的互动中，我们都能够感到满足，并成为对社会有用的人。

“心之歌”和心理韧性有什么关系？

心理韧性不仅仅能让我们在挫折和麻烦之后振作起来，它比这要积极得多。心理韧性也意味着能在生活中寻找快乐，用许多肯定的、有用的、健康的想法和感觉来构建自我，这样我们就能从美好的时光中获得足够的正能量，来继续与艰难的时刻作斗争。生活不仅仅是应对困难，它还包括当我们到达顶峰时享受高峰的体验。事实上，不只是山顶，还有一路上的景色。不要只盯着高处，不要忘记偶尔停下脚步，惊叹自己已经走了那么远。你需要那些唱起“心之歌”的时刻，这样你才能记住我们生活的意义——好好活着。

挫折后重建未来

当你刚刚遭受挫折时，你很难积极地看待自己的未来。这里有一些建议可以帮助你：

1. 有时候，你不需要直接展望未来，因为它看起来太难了。如果你暂时不想，那也没关系，因为活在当下也是有价值的。如果你给自己一些喘息的空间、一点疗伤的时间，你很快就会有力量站起来再试一次，或者尝试一些不同的事情。

2. 可以改变方向。这不是放弃，而是灵活、开放、适应性强的表现，但也许你可以在做出任何重大决定之前和了解你的人谈谈。

3. 找出对你来说真正重要的事情，是什么让你成为你自己，并忠于这些事情。

反思与回顾

翻到前面，再读一遍凯西娅和迈克尔的故事。你认为凯西娅会申请医学院，迈克尔会申请上大学吗？关于“心之歌”，你想分别对他们说什么？对于他们的未来，你还会给他们什么建议？

我的建议在附录。

总　结

你不需要知道你想成为什么样的人，也不需要知道你未来的工作是什么。敞开你的心扉，了解你自己，了解你的需求和个性，拓宽你的选择空间，抓住机会，将你的目光聚焦你现在正在做的事情，这些都可以帮助你塑造未来，并为所有即将到来的机会做好准备。乐观主义和务实主义、自我意识、积极的目标、忠于自己、忠于内心，这些也都会帮助你享受当下，建构未来，创造未来。当你的计划和目标实现时，你无疑值得拥有成功，也会有你意想不到的机会出现，把握这些机会，让它们把你的未来指向令人兴奋的方向。这样，你就有能力应对未来的风暴，而不会被它吞没。

建构未来的最佳技巧

1. 了解自己。了解自己的个性特征，了解那些让你快乐、悲伤、鼓舞或生气的事情，了解那些让你感兴趣的事情，然后尽力去满足这些兴趣和个人感受。你的未来应该是为你量身定做的，而不是为其他人。
2. 抓住机会，尝试新事物。你尝试的事物越多，就越有机会遇到能建构你未来的积极事件：一个改变你生活的人，一种让你产生新激情、获得新技能或新工作的爱好，一次让你有新的事业观或对自己有新的认识的谈话，一位让你从内而外自信的朋友。
3. 如果你着眼于未来并尝试着做计划，那就保持这些计划的广度和灵活性。想象一下，睁大双眼，张开双臂，走进你的未来，尽量不错过任何机会。
4. 当机会失去了，就让它去吧，不要老想着“要是……就好了”。

♥ 日记时间

在实践活动之外，这里有一些你也可以记录在你的日记里的事情：

1. 你从这一章中学到的三件事。

2. 你最好的朋友、最支持你的老师或最关心你的成年人，会如何诚实地描述你？写下大量的词或短语来描述自己的个性、优点和喜好。

3. 什么会阻碍你实现想要的未来？选择其中的一个或两个，想想如何阻止这种情况的发生，以及你如何为可能发生的事情做好准备。

4. 以青少年的身份给未来的自己写一封信。

5. 设想自己来到未来，给现在的你写一封信。

以下是我在 59 岁时，写给 15 岁时的自己的信。

亲爱的妮古拉：

我真的很抱歉，曾经那样负面地评价你，也没有照顾好你。我没有意识到你不是唯一一个充满自我怀疑和自卑感的人，其实我们大多数人都是这样的，尤其是那些善良、正直、敏感的人。我没有理解到，虽然你在学校表现很好，但这并不足以让你有自信，因为你总是过分关注那些你没有做好的地方，而没有珍视你取得的成功。你太努力了，把自己逼得太紧，对自己期望过高。现在让我告诉你，在考试期间早起晚睡不是个好主意——如果你能照顾好自己，适当休息，成绩会更好。

你觉得自己不够坚韧，说自己很软弱。没错，你和所有人一样有自己的弱点：你不太参与集体活动，常常更关注失败而不是成功，你非常自卑，常常避免竞争，因为你害怕失败或在公众面前搞砸。你是个完美主义者，总觉得自己做的任何事都不够好。

为什么不想想那些你成功应对的困难呢？你是男子学校里唯一的女生，在班级里年龄最小，因为与同龄人不同而经常被冷落。还有通常青少年时期会遇到的挣扎、考试和人际关系，你都熬过来了！你或许感觉自己被打倒了，但即便如此，你也总是能重新站起来。再看看现在，你正在给和曾经的你一样的青少年提供建议。

随着时间的推移，随着处理每一个问题，随着每一次重新振作，你都会变得越来越强大。不久前，你遭遇了悲惨的事情，承受了意想不到的重大损失。这不是任何人想要的考验，但你依然在这儿，更强大、更有韧性、更明智，不是成了一个更好的自己吗？

我觉得我们所有人都比自己想象的更有韧性，如果我们能为自己已经做过的事，而不是没做过的事，给自己点赞，我们就能把那小小的、韧性的种子培育得更大、更强。

所以别再自责和贬低自己了，适当地愤怒、悲伤、焦虑或恐惧，然后将其转化为跌倒后重新站起并依然屹立的勇气。即使感到害怕，也要对自己有信心。不断尝试、不断学习、不断成长，成为无比坚韧的人。

妮古拉

我的日记

我的日记

结　语

现在，你已掌握了打造坚韧性格的方法。你能够穿越人生的海洋，抵御任何风暴。同时，你也能享受沿途的平静水面和美好时光。

你已经开始变得更加自信，也知道如何专注地培养自己想要的技能。你的成长型思维模式会帮助你记住，当你想要学习某样东西或在任何方面做得更好时，都可以通过练习、尝试、在大脑中成功建立联结来实现。而且你会优先考虑自身的幸福，确保自己饮食健康、经常锻炼、睡眠良好，并且时常放松自己。

你拥有一些强大的应对策略，也知道如何避免错误的想法。你有一系列应对压力的解决方案，这样就能让压力发挥正面作用，推动你表现得更出色，而不是将你拖垮，让你感觉糟糕。

你已经培养起勇气，找到应对令你恐惧之事的方法，并正确看待这些恐惧。坏事时有发生，但你不会让对坏事的恐惧破坏你的生活。你可以有梦想，但那些梦想不必精确或规划好，因为你无法知晓未来会发生什么。但你可以确定的是，你可以采取一些行动，努力将未来推向你期望的方向，并给自己一个充实的人生。你的未来也许与你想象的不同，甚至比想象的更好，而你知道如何满怀希望、乐观和勇气去面对它，这就是拥有心理韧性的样子。

比起刚读这本书时，你已经坚韧多了。在今后的生活中，无论发生什么，你都拥有使自己变得更加坚韧的方法。这是你的未来、你的人生。你要勇敢，你要自信，你要心怀希望，你要笃信不疑。不断学习，持续成长，坚韧出色，你能做到！

附　录

在每章的结尾，我都邀请你重新阅读那些虚构的青少年案例，并思考一些问题的答案。不同的人可能会给出各种不同但同样有用的答案，这些答案没有高低对错之分。以下是我的想法，你看看是否与我有相同的见解。如果你的答案有很大不同，你也可以和朋友或老师一起讨论一下。

第二章：建立你的支持网络

你认为艾比的问题是什么呢？她能对这些问题做些什么呢？她的思维中存在什么错误吗？你对她有什么建议吗？她可以和谁聊聊？你认为她应该和比拉尔谈谈自己的感受吗？

对艾比来说，有两个主要的问题：缺乏朋友（这让她觉得自己像个局外人），以及对很多事情都感到非常焦虑。我认为艾比可能没有意识到的是，有许多人和她有着同样的感觉，或许其中就包括那些午餐时在图书馆见到的同学。我也希望她能够看到自己拥有很多优点，比如听起来她非常有创造力，安静的姿态可能对她也很有帮助，因为她喜欢画画和写作。她需要有与自己志同道合的朋友，如果她愿意尝试一下寻找这样的朋友，她一定会找到的。

我并不是要让艾比试图改变自己。艾比是一个敏感、有觉察力、有创造力和艺术细胞的人，很多人都会喜欢和她做朋友的。我更希望艾比能够鼓起勇气，加入她感兴趣的活动，并尝试与那些可能和她志趣相投的人交流沟通。

她可以和学校的图书管理员谈谈，我也希望她能把自己的感受告诉父母，并请他们帮助自己做那些需要做的事情，比如珍视自己，并且努力多参与一些可能会喜欢的活动。此外，如果她愿意，也可以和其他看上去并不属于任何一个热闹群体的学生聊聊。比如，那个邀请她去家里做客的女孩。艾比可以想象一下那个女孩鼓起勇气邀请她却被拒绝时的感受。艾比其实是有能力改变这一切的！

如果她能做到这一点，她的整体焦虑应该会很快缓解到可控的程度。通常，无论是在我们内心中，还是在我们的生活中，感到孤独都是引发焦虑的主要诱因。如果艾比能找到朋友，她应该会感觉好很多。

至于她是否应该和比拉尔谈论她的感受，答案是没有必要。她能从中得到什么？你不能强迫别人和你成为朋友。比拉尔当时做了他需要做的事情，也许他们的友谊就这样自然而然地结束了。

你如何看待比拉尔和艾比不再是朋友这件事情呢？

我们并没有足够的细节对此做出判断，这两个朋友很有可能自然而然地疏远了。如果比拉尔被新朋友吸引，并且他们的兴趣更加契合，比拉尔就没有理由再花很多时间和艾比待在一起。如果他只是因为其他朋友的取笑才不再和艾比做朋友，那真是太可惜了。我猜不仅仅是这样，他们可能只是逐渐疏远了，这既不是艾比的错，也不是比拉尔的错，他们总会在某个时候停止做朋友的。友谊本身就会改变、会淡化，比拉尔也需要他的支持网络。如果他喜欢和新朋友在一起，并且新朋友对他有积极的影响，那么只要他没有对艾比不友好，他就不需要感到内疚。也许当他们再长大一些，当双方都有意愿的时候，他们还可以再次成为朋友。

克里斯的主要问题是什么？谁能成为他的支持网络的一部分？他能和谁聊聊？如果你是克里斯的朋友，你会对他说些什么？他应该怎么对待自己的哥哥呢？你觉得克里斯会没事吗？

克里斯要应对的实在是太多了，且周遭一切看起来都在不断恶化，他感到巨大的压力是非常正常的。他刚刚在学校度过了糟糕的一天，考试成绩也不理想，他开始担心这种情况会再次发生。他的妈妈和继父都很忙（克里斯可能也在担心他的妈妈，也可能在为即将到来的新变化感到不安，比如新宝宝的到来），而且他的哥哥对他施加了非常不公平的压力，他的继父和他不亲近，克里斯也可能对母亲的新婚姻产生矛盾的情绪。

克里斯可能有一个潜在的支持网络，但目前他觉得自己无法获得支持，因为（1）他的妈妈很忙，他和继父也不亲近；（2）他的老师不知道他承受的压力；（3）他的朋友们也不清楚状况。克里斯无法改变父母忙碌的事实，但如果他需要，他依然能够主动向他们寻求帮助——哪怕只是聊聊天，让父母知道他的感受。不过，现在最容易让克里斯敞开心扉的人是他的老师和朋友们，他可以在适当的时机再和父母交谈。

如果老师们知道克里斯正在经历什么，他们一定会非常同情他。我会强烈建议克里斯与他信任的老师倾诉自己的困扰。或者任何他信任的成年人，比如他的祖父母，也能提供帮助。

克里斯在学校还有两个很好的朋友。但他们还不知道克里斯需要自己的支持。克里斯可以向这两位朋友敞开心扉。我相信他们会站在克里斯这一边的。

如果我是克里斯的朋友，我会这样说："克里斯，你在那次考试中表现不佳是完全可以理解的！每个人心事重重的时候都会遇到这种情况——更何况你有那么多事情要担心。这种情况下没有人能集中精力做到最好。你在家里一定很艰难，而且你一定很担心你妈妈。你需要告诉老师家里的艰难情况和那些很难解决的烦恼。你不需要告诉他们你哥哥的事情——你有自己的烦恼，而他的事情不是你的责任。"

克里斯的哥哥的行为不是克里斯的责任，也许他可以告诉他的哥哥自己不会再为他打掩护。作为哥哥，他也不应该把克里斯拖进他所做的任何事情中。如果我是克里斯，我可能会和朋友聊聊这件事。他们会比任何人都更了解这些情况。

克里斯是一个勤奋、成绩优异的孩子。他不应该怀疑自己的能力。他可以在支持网络的帮助下走出困境。

由于西玛的身体状况不佳，她可能对周围的事情看得不太清楚。西玛需要一个值得信赖的成年人或朋友来帮助她寻求必要的治疗。这个成年人应该是谁？西玛的朋友们真的嫉妒她吗？她的朋友们应该做些什么来帮助她呢？她有一个良好的支持网络吗？

西玛需要专业的帮助，这是她生活中的成年人要承担的责任，那些成年人需要为她寻求医疗帮助。

西玛的朋友们真的很担心她。西玛认为朋友们嫉妒她，但我不这么认为。是的，也许她的朋友也想让自己的体型有所改变。我们所处的这个现实世界正在被不健康的身材形象轰炸，想要变得更瘦是人们不幸的普遍愿望。但朋友们还是在关心西玛，更不希望她生病。

西玛的朋友们帮助她的最好方式是避免任何关于体重或外貌的评论，甚至是赞美之词。“你看起来很棒”可能会被解读为“你长胖了——真棒！”，或者“你看起来好瘦啊！”，这两者对于那些痴迷于减肥的人来说都是炸药的导火索。西玛的朋友们应该避免讨论卡路里或脂肪含量，或者避免发表任何带有负罪感的言论，比如“我真希望我没有吃第三块饼干”。

他们可以这样说：“进食障碍就是一种心理疾病。这不是你的错。我们爱你，我们在这里支持你。”他们还可以找一些能和西玛一起做的事情来分散她的注意力，比如分享最喜欢的书籍，看电影等。但是，朋友们并没有责任要治愈她，这是专业人士的工作，这需要西玛生活中的成年人的支持。

我们每个人，包括西玛和她的朋友，都应该尝试把自己的身体视为生活的强大载体、力量和潜力的源泉，而不是被广告商和制造商所设定的某种人为形状所束缚。是的，西玛有一个很好的支持网络，但她患上了进食障碍，这是一种会扭曲思维的疾病，她可能意识不到身边那些人能够提供的帮助。

第三章：培养你的技能

请回顾一下埃迪、法尔丁、萨迪娅和玛蒂的故事。你是否在某些方面与他们有相同的感受？现在，你对自信和培养技能的重要性已有了更多了解，你会给逆境中的他们什么建议？你是否会对自己说一段话或做一件特别的事来帮助自己培养技能增强自信呢？

我个人最能和埃迪产生共鸣。我没有经历过父母离异，但和他一样，我是三个孩子中的老大，总是习惯轻松应对各种事情，也经常名列前茅。但在学校里有那么几年，我发现功课变得更难了，我的成绩也变差了。我很早就开始上学，最初的几年我比我们班的平均年龄小三岁，是同年级里最年轻的学生，但我并没有因此降低对自己的要求。我很好奇，如果我像大家说的那么聪明，为什么我不能总是得高分呢？我也像法尔丁那样，避免做自己不擅长的事。在那些日子里，我对自己的大脑一无所知，我没有意识到可以通过倾听、尝试、练习和坚持不懈来取得进步。

我会对他们几位说："无论别人说你多么聪明，在一位好老师（你的父母和其他成年人也可以成为好老师，就像玛蒂的爸爸一样）的指导下，通过正确的方法练习，你可以在任何事情上变得更好，并发现任何事情都变得容易了。"我会对他们说："自信来自对技能的学习，以及知道你自己学了什么、走了多远。因为当你注意到你已经取得了成绩和改变的时候，你会发现你完全可以一步一步做得更多。"我会鼓励他们注意自己在很小的方面已经取得的进步，因为每一次成功都是逐步建立起来的。我会敦促他们把任何“失败”都看作是学习、提高和成长的机会。

当听到这些后，他们会有信心克服那些看似困难的事情，这就是强大的心理韧性。

第四章：建立积极的应对策略

你认为娜奥米应该继续参加体操比赛吗？如果应该，你会给她什么建议？如果不应该，你又会给她什么建议？

我认为娜奥米应该努力向前看，思考一下她是否想要在体操方面增强信心。在她的内心深处，她已经感觉自己不再那么热爱体操了。如果再也不做这项运动，她会后悔吗？她可能会，也可能不会。所以我会建议她思考一下会不会后悔的问题。如果她做其他事情会更快乐、更有成就感的话，就没有必要花费这么多时间和精力在体操上。她会更乐意通过体操来锻炼身体、享受乐趣，暂时不参加比赛吗？我建议她与教练、父母和朋友讨论一下，慢慢来，不用着急做决定！

如果娜奥米决定继续参加比赛，我建议她寻求一些专业的帮助，排解赛前的紧张情绪。她需要认识到，虽然焦虑的感觉不好受，但一定程度的紧张能够帮助她表现得更好，她可以采取一些方式将焦虑水平控制在可以承受且有益的范围内。如果她能看远一点，想想赛后的感觉会有多好，也会对她有所帮助。如果她真的决定放弃体操，那么我会建议她找其他有益的、让她感到满足和快乐的事情来替代体操。

你能不能想到一个这样的例子：你为了不让自己感到害怕或焦虑，于是不去做一些你明知道应该做的事？事后你感觉如何？如果有比逃避更好的策略，那会是什么呢？你有没有从那次经历中吸取教训？

我曾经是一个狂热的骑马爱好者，但在我快满 12 岁时，我经历了和娜奥米类似的事：每次一有比赛，我就会喉咙疼或者头痛，然后逃避参赛。即使这些症状是真实的，我还是感到非常内疚，因为我知道自己错失了一些机会。但是，我知道自己不可能成为金牌赛马运动员，我当时真的不喜欢比赛，于是我再也不参加赛马了。这可能在实际操作上是正确的选择，但并没有帮助我建构心理韧性。因为有时我们确实需要面对竞争的情境，而我至今都不擅长应对。我恐怕并没有从这个经历中学到什么！我觉得我需要找个办法建立自信和勇气，或许应该找人聊聊为什么我总倾向于选择逃避。可惜的是，在我当年那个时代，我们对于大脑如何运作了解得太少了。

你认为奥利能坚持他的积极应对策略吗？对于他父母的消极策略，你会对他们怎么说？

我认为奥利很有可能会坚持他的积极策略，因为他已经感受到了这些应对策略所带来的益处。对他而言，目前这种坚持并不困难，因为他在学校表现很好。如果他的朋友们大多选择了不健康的生活方式，而他受此影响，开始模仿他们，那么情况可能就会发生变化。我相信他会保持自己的健康和强壮，而不会随波逐流去模仿周围人的负面行为。

你现在能找到一些娜奥米、奥利的父母和帕维尔可以采取的积极应对策略吗？

是的，他们本可以尝试许多积极策略，现在也不算晚！人们总倾向于选择做轻松愉悦的事情，而不是选那些需要克服一些困难之后才能感到快乐的事情。我们要鼓励他们去了解各种有益且积极的放松活动，让他们变得更健康、更强壮、更有心理韧性！

第五章：增强你的勇气

你读了罗曼、所罗门和塔莉娅的故事。我说过：“罗曼、所罗门和塔莉娅都在害怕什么？”你可以说说他们每个人内心深处都在害怕什么吗？你会对他们说些什么吗？

罗曼有很多焦虑。他对身边的人和他们的想法很敏感。他有一些社交焦虑的倾向。其他人让他很紧张，学校里到处都是人。他不知道他们是不是他的朋友，也许是他太焦虑了，他没法去弄清楚。他讨厌学校带来的各种不适，包括嘈杂的环境和无法正确回答问题的忧虑。这些是很多人都会感到担心和紧张的事情，而罗曼对学校引发的这些糟糕的感受和经历产生了极大的抗拒。

所罗门的情况有点类似，他一直保持沉默，避免别人听到他的声音，总的来说，他不害怕学校，只是害怕公开讲话。受到别人的嘲笑加剧了他的恐惧，而他的恐惧集中在课堂演讲这一件事情上。所以，所罗门的恐惧是很具体的。

塔莉娅的恐惧一开始是具体的——害怕再次受伤，但现在却逐渐扩大了，变成对“可能发生的事情”的恐惧。

这些青少年在成长的过程中都有逐渐增长的恐惧或焦虑，这是青春期非常普遍的现象。我想告诉他们每个人，这并不是他们的错，但有一些他们能做的事，也许能让他们觉得好一点。罗曼可能需要寻求专业的帮助，学校恐惧症如果没有家庭以外的建议很难应对。所罗门可以向一个他信任的、善解人意的老师倾诉他的焦虑，老师可以帮助他准备一些应对课堂演讲的策略。如果有很多像所罗门一样害怕在公开场合演讲的人，老师也许可以通过将他们组成互助小组来帮助他们。塔莉娅有一些非常自然的焦虑，她真的想回到马戏学校（与第四章的娜奥米不同，娜奥米可能不太想回去参加体操比赛）。我会建议塔莉娅回到学校，尝试做一些不一样的动作，让自己重新放松下来，并培养一些其他技能。也许她会想要再次尝试让她受过伤的动作，在这种情况下，一个善解人意、富有同理心的老师可以帮助她逐步建立自信。勇气和自信是相辅相成的，培养新技能和重拾旧技能将会增加她的信心。

我还会建议他们，如果他们尝试运用我在书中提到的一些方法，尤其是建立自己的支持网络、技能和应对策略，他们会发现自己更容易有勇气去面对自己的恐惧。

第六章：建构你的未来

你认为凯西娅会申请医学院，迈克尔会申请上大学吗？关于“心之歌”，你想分别对他们说什么？对于他们的未来，你还会给他们什么建议？

我不知道凯西娅和迈克尔最终会做出什么样的选择。我认为，如果他们真的感兴趣，并且觉得这些选择会有益处，他们应该去尝试。不是每个人都喜欢或需要上大学，有很多工作不需要那种特定的教育背景。但在可以做到的范围内，尽可能地接受教育，通常是个好主意——因为它会给你带来更多的选择和机会，也能让你认识更多不同的人，通常会比你在中学或在第一份工作中接触到的人更广泛。如果在高中毕业后就上大学，是一个很好的机会，这能让你在进入职场之前有几年成熟起来和继续学习的时间。

但是，就像我说的，大学不是充实和成功的生活所必需的。

凯西娅和迈克尔都可以找一位职业规划顾问谈谈，了解他们实际选择的可能性。这个人可以是老师，也可以是职业咨询机构的工作人员。他们不应该被家人非常特定的期望所束缚。当然，父母很了解他们的孩子，但这并不意味着父母的判断总是正确的，他们可能忽视了什么才是真正适合凯西娅和迈克尔的。

我认为凯西娅应该保持开放的心态，可以和一些医务人员或从事创造性职业的人谈谈。她可能对自己是否适合当医生还拿不定主意。她并不一定需要学习创意写作课程才能成为作家，完全可以看看其他可能感兴趣的课程。这样如果她改变主意了，也会有更多选择。选择一门自己真正感兴趣的专业非常重要。有一点她的父母说的是对的，靠写作谋生并不容易，但很多人已经做到了，凯西娅也有可能做到。我真心希望她继续写作，因为这是一项美妙的技能和爱好，也可能成为一份充实的职业。

对于迈克尔来说，我认为在可能的情况下，他应该上大学。因为这将为他的未来带来更多选择，并帮助他增加信心。

我会提醒他们，“心之歌”可以存在于生活的方方面面。最幸运的人能找到让他们心灵歌唱的工作，大多数人则从生活的其他方面寻找“心之歌”，比如爱好、家庭、朋友。凯西娅和迈克尔都很有创造力，这已经是一个很好的开始了，这将给他们的生活带来很丰富的选择。

我会鼓励他们做真实的自己，积极勇敢地面对未来，不要害怕犯错。上不上大学，选修或取消一门课程，开始或放弃一项爱好，打开或关闭一扇门……每一件事都有可能是对的，也可能是错的。我们只需要在当下跟随我们的内心和理智，同时倾听他人观点，重新自我思考，做出适合自己的最好的判断。如果我们发现自己做了错误的选择，也完全没关系，因为我们总是可以改变方向的。